Cómo simplificar tu vida

VÍCTOR JIMÉNEZ

Cómo simplificar tu vida

ENCUENTRA LA ARMONÍA DE LA SENCILLEZ
EN TU CASA, TUS RELACIONES Y TU TRABAJO

Diseño de portada: Maika Tovar
Diseño de interiores: Víctor M. Montalvo
Fotografía de portada: Shutterstock
Fotografía en solapa: Archivo personal del autor

© 2014, Víctor Hugo Jiménez

Derechos reservados

© 2014, Editorial Planeta Mexicana, S.A. de C.V.
Bajo el sello editorial DIANA M.R.
Avenida Presidente Masarik núm. 111, 2o. piso
Colonia Chapultepec Morales
C.P. 11570, México, D.F.
www.editorialplaneta.com.mx

Primera edición: abril de 2014
ISBN: 978-607-07-2103-8

Impreso en los talleres de Litográfica Ingramex, S.A. de C.V.
Centeno núm. 162-1, colonia Granjas Esmeralda, México, D.F.
Impreso y hecho en México – *Printed and made in Mexico*

Índice

Agradecimientos

Quiero expresar mi agradecimiento a todos los que contribuyeron a la publicación de este libro: a mis editores y a las personas entusiastas de esta editorial que creyeron en el proyecto.

Me gustaría expresar la deuda de gratitud que tengo con mi pareja, mi familia y mis amigos por su apoyo incondicional e inspiración. Agradezco de un modo especial a mi madre por sus valiosas lecciones de vida.

Dedico estas páginas a mis pacientes, quienes trabajan a diario por su crecimiento personal y de quienes constantemente adquiero conocimiento e inspiración.

I
Introducción

Vivimos en un mundo donde impera la ansiedad, la pérdida de sentido, el consumo indiscriminado y las complicaciones. Obedecemos a ideas que no nos pertenecen; vivimos de forma artificial y mecánica, como si fuéramos máquinas. No sabemos cuándo detenernos ni cómo manejar las deudas, el estrés y la complicación de la vida actual. Hay muchas propuestas útiles para ayudarnos a encontrar el rumbo perdido. Una de ellas es simplificar nuestro espacio, las finanzas, el uso del tiempo, las relaciones con los demás y con nosotros mismos. La *simplificación* es la alternativa que aquí propongo.

Este libro contiene mucha información profunda e ideas para la reflexión que pueden contribuir a tu trabajo de desarrollo personal. Está escrito con un lenguaje sencillo y accesible para cualquier individuo interesado en encontrar opciones a los desafíos de su vida.

Este libro es una respuesta a la necesidad de aquellos que desean una existencia satisfactoria y llena de significado y que luchan por crearla. Puede servir a quienes se preguntan cómo algunas modificaciones sencillas pueden tener un gran impacto en la simplificación de su existencia. Los que buscan ideas prácticas sobre cómo hacer sus días menos problemáticos, las encontrarán en cada capítulo.

Tienes en tus manos un libro que es producto de mi experiencia terapéutica y de vida. A través del contacto con mis pacientes, a lo largo de más de diez años, he atendido a personas con muy diversas problemáticas en las áreas de la psicoterapia, el acompañamiento psicológico y la tanatología. He atendido a personas con VIH, he dirigido talleres de desarrollo humano basados en el Eneagrama y el manejo de emociones, he impartido clases a nivel maestría para quienes desean convertirse en terapeutas, durante cuatro años he escrito un *blog* en el periódico *El Universal* y por casi tres años he colaborado con una columna en *El Gráfico*. De esta experiencia he obtenido muchas de las ideas expuestas en las siguientes páginas.

He dedicado mucho tiempo a reflexionar sobre lo que significa vivir con sencillez. Mi primer contacto con el concepto de la simplicidad fue a través de dos *blogs* muy populares sobre el minimalismo: missminimalist.com y zenhabits.net. Sus autores, Francine Jay y Leo Babauta, me motivaron a pensar qué estaba haciendo con mi vida y a definir qué implica para mí llevar una vida sencilla: vivir de forma consciente y sacar el mayor provecho de la existencia; elegir qué hacer y cómo hacerlo en lugar de avanzar en piloto automático. Fue a partir de estas ideas que me interesé en temas relacionados, como la psicología positiva, el budismo zen, las ideas de los filósofos estoicos, los movimientos de desaceleración o *slow*, el énfasis en la conciencia, lo que se denomina la práctica del *mindfulness* y la atención plena. Los cambios que he experimentado al estar en contacto con estas ideas me han permitido tener mayor armonía. Hasta el momento sigo aprendiendo y aplicando muchos de estos principios. El desarrollo humano es una tarea de toda la vida. No hay personas "terminadas", realizadas por completo.

A lo largo de estos años he observado el deseo vehemente de las personas por dar un propósito a su vida y lograr un equilibrio. He notado que, en muchas ocasiones, la solución a los problemas planteados en la terapia es la simplificación. He aplicado estas ideas para comprender y orientar a mis pacientes con bastante éxito; por lo menos así lo muestran sus propias opiniones sobre su cambio y bienestar. En estas páginas comparto contigo algunos de mis descubrimientos con la esperanza de que tú también encuentres la orientación y el equilibrio que yo mismo y mis pacientes hemos hallado.

Mientras lees, quizás algunas respuestas te parezcan familiares. Esto es porque, a través de tu intuición y tu apertura, las reconoces como útiles y aplicables a tu vida. Tú, al igual que otras personas, ya sabes estas respuestas, solo que no las has hecho tuyas. Al leerlas te harás más consciente de ellas. Mi labor consiste en recordarte las opciones con que cuentas y facilitarte el rescate de la sabiduría que albergas en ti. También es probable que encuentres ideas totalmente nuevas, que no habías considerado. En este caso, mantén una actitud de apertura hacia ellas. Recuerda las ocasiones cuando te has resistido a ideas que después resultaron ser muy útiles.

Habrá momentos en los que "te caerá el veinte" sobre algún asunto. Cuando esto suceda, quédate un rato con las sensaciones y los pensamientos que surjan. Esto es importante para integrarlos, hacerlos tuyos y permitirles que duren a lo largo del tiempo. También es posible que algunas ideas te produzcan molestia o rechazo y que te resistas a aceptarlas como aplicables. El hecho de que así te sientas indica que, en realidad, pueden ser benéficas para ti. Con frecuencia en la psicoterapia decimos que "lo que nos choca, nos checa", lo cual significa que, si encontramos algo muy molesto que provoca rechazo, es porque se nos presenta una buena oportunidad para descubrir algún aspecto de nosotros mismos. Te invito a darle una oportunidad a lo nuevo y a experimentarlo. Pon a prueba las sugerencias que aquí encuentras, discute con otras personas lo que lees y escucha sus puntos de vista. Observa tus reacciones, sentimientos y pensamientos. Por último, ve cómo lo aquí expuesto se aplica a tu circunstancia. Si así lo deseas, puedes meditar sobre lo leído a lo largo del día; incluso puedes escribirlo con tus propias palabras. Notarás que algunos temas son recurrentes, pues los distintos aspectos de nuestra existencia están entrelazados.

El objetivo primordial es que, tras leer lo que aquí expongo, puedas llevar a cabo cambios en tu percepción de las cosas, en tus actitudes y en tu comportamiento. Parto del hecho de que una verdadera transformación surge del análisis y modificación de nuestras creencias, algunas de ellas profundamente enraizadas.

Los temas que se tratan son los que, según he observado, tienen más relevancia en la vida de las personas. Estas son las áreas que necesitan mayor atención, pues determinan nuestra sensación de bienestar y felicidad. A lo largo de los capítulos se muestra la importancia de la simplificación en diversos aspectos de la existencia. También descubrirás por qué menos es más, qué te impide deshacerte de lo innecesario, qué beneficios trae consigo eliminar lo que está de sobra y cómo comenzar a crear espacio físico y en tu vida emocional. Otro de los temas te permitirá reflexionar sobre lo que el tiempo significa para cada persona y determinar cuál es el ritmo adecuado para ti. Te ofrezco algunos consejos para equilibrar el trabajo con el resto de tu vida, para así encontrar mayor satisfacción. Más adelante, te invito a hacer las modificaciones que consideres necesarias para tener finanzas más sanas y una vida con menos complicaciones. Podrás explorar cómo algunas ideas arraigadas afectan tu relación con los demás y cómo algunas pautas que han sido parte de tradiciones filosóficas y religiosas simplifican y mejoran tus relaciones en gran medida. Saber en qué momentos eres tú mismo, y cuándo no, te ayuda a moverte hacia la autenticidad y, por tanto, hacia una vida menos complicada. En la parte final del libro examinaremos dos actitudes que favorecen la vida simple y, por tanto, la felicidad: la aceptación de lo inevitable y la capacidad de asombro. Estas dos actitudes pueden no solo simplificar tu existencia, sino también contribuir a tu felicidad.

Cada capítulo está compuesto por diversos elementos:

— Un comentario, a manera de orientación, sobre el tema central de ese apartado en particular.

— Historias de vida que pretenden ilustrar cómo otras personas han puesto en práctica los principios de la simplicidad. Las historias son de madres y padres de familia, empresarios, escritores y profesionistas, entre otros.

— Ideas prácticas sobre cómo lograr hacer cierto aspecto más simple y llevadero. Estoy seguro de que, además de las expuestas en esa parte del capítulo, pondrás en juego tu creatividad, por lo cual se te ocurrirán muchas otras formas de simplificar.

— Cuentos, fábulas, alegorías o historias de diversas culturas y tradiciones espirituales cuyo objetivo es acercarte al tema desde una perspectiva más poética y metafórica. Esto te permite reconocerte en los personajes y contactar con tu inconsciente con mayor facilidad, donde, por medio de tu intuición, hallarás soluciones ricas en posibilidades. Te sugiero leer estas historias con apertura y confianza en que tienen un mensaje útil para ti.

— Desafíos sobre situaciones de la vida diaria en las que puedes aplicar lo leído. He decidido llamarlos desafíos no porque sean imposibles de llevar a cabo, sino porque hace falta determinación para realizarlos. Emprender un proyecto de simplificación de tu vida es un verdadero reto que al final trae enormes beneficios. En esta sección hay un espacio para que escribas los retos que te propongas. Se trata de que juntos hagamos el trabajo y de guiarte en el proceso.

Con cada paso que des hacia la simplicidad tendrás un sentido de logro y, como consecuencia, la confianza y el coraje para seguir intentando. Aun los cambios que parecen insignificantes cuentan, cuando de tener una existencia más gratificante se trata. Tú puedes adoptar una postura activa, no esperar "hasta que..." para conseguir mayor alegría de vivir. Este es un buen momento para comenzar. Te felicito por buscar alternativas en este libro y por no adoptar una actitud pasiva, sobre todo si hasta ahora tus patrones de pensamiento y tus conductas te han llevado en la dirección equivocada. Espero que en mis palabras encuentres inspiración para aprovechar los beneficios y retos que implica vivir de manera sencilla. Estos son los primeros pasos en dirección a la vida que has deseado.

Huye de la complejidad, acércate a la sencillez

"A la naturaleza le complace la simplicidad.
Y la naturaleza no es ninguna tonta."

ISAAC NEWTON

¿Qué es la vida simple? ¿Qué es lo que la complica y cuáles son los primeros pasos para simplificarla? Puedes alejarte de la complejidad mediante pequeños cambios en tu perspectiva que llevan a acciones concretas. Tienes en ti el potencial para moldear a tu gusto tu estilo de vida; es cuestión de elegir aquello que es bueno para ti.

El retorno a la buena vida

Hubo un tiempo cuando la vida era sencilla. Sin embargo, conforme las sociedades evolucionaron y hubo un mayor progreso cultural y tecnológico, las cosas se complicaron cada vez más. Rechazamos lo sencillo y privilegiamos lo complejo. Algunos procesos o trámites, muchos de ellos burocráticos, se han complicado a tal punto que invitan a la gente a desistir de llevarlos a cabo. En algunas áreas del conocimiento, como es el caso de la informática, el lenguaje se ha hecho tan indescifrable que solo es accesible a los "iniciados". En las relaciones, a muchos les cuesta ser sencillos: tienen miedo a mostrarse tal cual son.

> "El progreso es la habilidad del hombre para complicar lo simple."
>
> THOR HEYERDAHL

Incluso sospechamos de las ideas simples y a veces ni siquiera las consideramos como una opción. "La solución no puede ser tan simple. ¡Cómo no se me ocurrió antes!", decimos cuando una amiga nos sugiere una idea para solucionar un problema. Reza el dicho popular que el sentido común, lo obvio, esa sabiduría que todos compartimos, es el menos común de los sentidos. Aceptar el hecho de que el mundo y nuestra vida tienden a complicarse más y más es un paso adelante en la búsqueda de alternativas hacia la armonía.

En estos tiempos en que muchos tienen vidas complicadas y apresuradas, estoy seguro de que hay momentos en que desearían vivir con sencillez y que su existencia tuviera mayor significado. Para algunos, este deseo se ha convertido en un anhelo acariciado por mucho tiempo.

Si formas parte de este grupo de personas que buscan maneras de reducir las complicaciones para deleitarse y concentrarse más en lo que en verdad valoran en la vida, llevar una existencia simple puede venirte bastante bien. La sencillez te permite reacomodar tus prioridades para que lo esencial surja del fondo, como una figura en un cuadro, y así puedas tomar decisiones y hacer cambios conducentes a una mayor felicidad.

En los últimos quince años, alrededor del mundo se ha gestado una tendencia enfocada en el retorno a la "buena vida" a través de la búsqueda de más tiempo libre, de vivir mejor con menos, de alejarse del consumo excesivo, de encontrar significado en la vida y el trabajo, de conectarse con el mundo y con uno mismo. Esta tendencia cuestiona la creencia tan extendida de que el éxito en la vida proviene del dinero, del prestigio y de la acumulación de bienes materiales.

A continuación te presento la historia de Emilia, quien, en su búsqueda de mayor sentido en su vida y menos complicaciones, tuvo un renacimiento personal y reevaluó sus relaciones. Emilia es madre y trabaja en una empresa importante. A través de la realización de pequeños cambios y de simplificar algunos detalles en su vida ha encontrado mayor gozo para ella y para su hija.

Reencuentro con mi hija
Emilia

Cuando la vi entrar al salón, con un sencillo vestido azul, esa pequeña corona de fantasía que brillaba en su cabello, los ojos radiantes, la sonrisa inmensa, lo entendí todo: mi hija, el tesoro más preciado de mi vida, el ser que me inyectó fuerza y energía vital, creció y se convirtió en una hermosa mujercita sin que yo me diera cuenta.

Mis ausencias, constantes en su vida, tuvieron siempre un pretexto: mis negocios, creados para darle a mi Regina cosas que, según creía, serían su felicidad.

Cuando nació, yo tenía treinta años de edad. Era ejecutiva con un buen número de responsabilidades y, aunque dedicaba a mi trabajo ocho intensas horas diarias, destinaba tiempo para mí y para mi esposo. Era momento de ser mamá.

Al nacer mi niña, algo cambió. Entré en una angustia cada vez más absurda: proveerla de lo "necesario" se convirtió en una obsesión porque vistiera la ropa más costosa; los juguetes tenían que ser la última y más cara versión disponible; zapatos por montones, para que tuviera muchas opciones cada mañana, tarde y noche; le construí una habitación de ensueño colmada de muñecos y muñecas por centenares, que en muchas ocasiones se quedaron guardados con su envoltura original.

¿Cómo logré proveerle todo eso? Dupliqué mi capacidad de trabajo. Las jornadas de ocho horas se convirtieron en horarios de catorce o 16 horas consecutivas, incluidos los fines de semana. También obligué a mi esposo a invertir su tiempo y esfuerzo en proyectos que, cuanto más exitosos, más lo separaban de mí.

Contraté nanas e instructoras que, con toda eficacia, se ocupaban de educar y cuidar a mi niña, mientras yo trabajaba sin descanso para darle lo mejor. Solo lo mejor.

Transcurrieron quince años de ausencias: su primer viaje al mar lo hizo sin mí. También aquella ocasión cuando visitó las montañas nevadas del norte del país. Para ayudarla a superar mi divorcio de su padre, le regalé unas vacaciones en Disneyland, a las que no pude asistir. Como si las marcas, el precio y la calidad de los objetos pudieran sustituirme por completo. Su ilusión de niña, su primera salida a bailar, su primer novio, su paso de niña a mujercita... todo me lo perdí.

Cuando se acercó la fecha de su cumpleaños número quince, le pregunté cuál sería su festejo ideal. Pensaba sugerirle un viaje, un cambio completo de guardarropa, su primer automóvil o un crucero de lujo por el Caribe. Sin embargo, la respuesta de Regina fue contundente: "quiero algo muy sencillo, mami. Una fiesta con mis amigos... pero que estés tú".

Lloré. Empeñada en cubrir una necesidad absurda, no me percaté de lo tonta que había sido. Quizás una menor cantidad de dinero, menos horas de trabajo, menos lujos para vivir, podrían haberme permitido más horas de contacto con mi mayor tesoro, con el ser que le da sentido a mi vida y que, irónicamente, era una desconocida para mí.

Lo que ocurrió después fue fantástico. Le pedí perdón a mi niña y decidimos recuperar el tiempo perdido: nos hicimos la promesa de intentarlo juntas.

He hecho una serie de cambios que, aunque me han costado trabajo, son buenos: hacemos paseos, madre e hija, por los parques y jardines más hermosos de la ciudad. Caminamos, sin comprar nada, para atesorar recuerdos.

Una buena amiga me recomendó leer a Séneca, el estoico, para dotarme de ideas sobre la simplicidad. Transformarme.

No necesitamos tanto. Ahora lo entiendo. Cambiar a un trabajo menos demandante que, si bien produce menos, me permite bajar la velocidad de mis alas para poder contemplar cómo mi preciosa niña abre las suyas, las despliega y aprende a volar por sí misma, ante mi mirada atenta y amorosa.

A través de una experiencia emocional dura, de las ideas de la simplicidad voluntaria y de la filosofía, Emilia pudo alejarse de una vida compleja y con poco sentido. Al igual que ella, muchas personas se enfrentan a un choque emocional que las lleva a hacer cambios trascendentes. A pesar de que sus ingresos disminuyeron, la satisfacción que se deriva de la decisión de Emilia, el tiempo que pasa con su hija y su cambio en el ritmo de trabajo son suficientes para tener lo que para ella es la buena vida.

Emilia logró evolucionar hacia una mayor simplicidad a través de modificaciones internas, como sus ideas acerca de lo que la haría feliz y la revaloración de la relación con su hija.

Hay que buscar adentro y afuera

La tendencia a la simplicidad involucra aspectos externos e internos. Entre los externos están la eliminación de lo innecesario, vivir de forma consciente y hacer un consumo razonable de recursos naturales y materiales. Vivir de manera sencilla no requiere, en principio, hacer cambios dramáticos, pues lograr vivir con sencillez es un proceso que toma tiempo. Los cambios pueden suponer cosas tan simples como preferir cenar en casa con la familia o los amigos, en lugar de salir a lugares costosos; ejercitarse en el parque en lugar de pagar gimnasios caros, dedicar los recursos adicionales con que contamos a procurarnos experiencias como viajar, en lugar de dedicarlos a acumular bienes materiales.

Es una forma de volver a lo sustancial, y de saber elegirlo, en cuanto a gastos, tiempo y actividad. La vida simple te libera de la pasión por poseer, pues te invita a renunciar al consumismo y a buscar la felicidad en otra parte, en las relaciones y experiencias cotidianas. La sencillez aligera el ritmo y te libera de la histeria de la vida rápida, de lo frívolo, y sugiere buscar en tu interior lo que en verdad es significativo.

> "La sencillez consiste en hacer el viaje por la vida solo con el equipaje necesario."
>
> CHARLES DUDLEY WARNER

La búsqueda interna, al vivir con sencillez, incluye escuchar a la voz interior que te guía hacia lo que es mejor para ti. Para vivir con sencillez es necesario definir qué quieres y qué necesitas. En este proceso debes escuchar a tu voz interna, la intuición que te dice hacia dónde dirigirte. Buscar en tus valores y equilibrarlos con tu realidad puede llevarte a un estilo de vida cómodo y satisfactorio. A partir de este descubrimiento puedes realizar los cambios que consideres necesarios. La vida sencilla es una forma de estar en el mundo, no un estilo de vida establecido. No tiene prescripciones. Cada individuo tiene que averiguar lo que es mejor para sí mismo. El compromiso de llevar una vida simple es grande, pero sus recompensas son valiosas.

Ahora bien, tú, de manera instintiva, ya sabes cómo simplificar tu vida, así que este libro es un recordatorio de lo que ya sabes que necesitas hacer para estar mejor. Quizá no hayas escuchado a tu guía interior o simplemente no hayas buscado tu felicidad en el lugar adecuado. Permíteme acompañarte en este viaje de descubrimiento o re-descubrimiento de quién eres, de tus deseos, de tus necesidades, de esas

> "Qué claro y sencillo se vuelve todo cuando se abren los ojos hacia el interior, a condición, desde luego, de previamente haberlos asomado afuera, para mejor gozar del contraste."
>
> SAMUEL BECKETT

creencias que te impiden ir por el mundo como te gustaría hacerlo.

Pero cuidado, pues adherirte a los que buscan la felicidad en la sencillez puede ser subversivo, ya que involucra renunciar a lo que demanda nuestra sociedad de consumo. **Vivir la vida simple**

requiere valor: es una elección difícil de transformación debido a que en algunos aspectos requiere desafiar la forma de pensar establecida y esperada. Sin embargo, dados los beneficios que se obtienen, es un reto que vale la pena aceptar.

¿Cómo es la vida de quienes eligen la sencillez?

— Limitan sus posesiones materiales a lo que necesitan o atesoran.

— Trabajan en lo que les brinda satisfacción y, en muchos casos, encuentran un balance entre su trabajo y los demás aspectos de su vida.

— Prestan especial atención a las relaciones con la familia y los amigos. Tratan de dedicarles tiempo de calidad.

— Disfrutan de actividades de ocio placenteras, aunque no necesariamente elaboradas o sofisticadas y mucho menos que impliquen un gran costo.

— Tienen una buena relación con el dinero: lo utilizan para procurarse experiencias muy disfrutables, aunque no por eso sean costosas.

— Atienden su salud: hacen ejercicio, duermen lo suficiente y cuidan su alimentación.

— Consideran que el crecimiento personal, la vida interior y la experiencia espiritual son una parte importante de su vida.

— Se regocijan en la naturaleza y saborean el tiempo que pasan al aire libre.

Una cuestión de calidad sobre cantidad

La simplicidad voluntaria, como también se le llama a la decisión de llevar una vida simple, está íntimamente asociada con el movimiento de desaceleración (*slow*), según el cual vivimos a un ritmo vertiginoso que nos impide disfrutar de la vida. También está ligada al desarrollo de la conciencia (*mindfulness*), de saber vivir aquí y ahora, de estar presente en todos los momentos de nuestra existencia. El minimalismo como estilo de vida, y su enfoque en vivir mejor con menos, tiene una fuerte conexión con una existencia simple.

Uno los principios que sustentan esta forma de estar en el mundo es vivir manera auténtica, sin máscaras ni búsqueda de reconocimiento. Otro de los principios que rigen en la simplicidad es el relacionado con la reducción del gasto desproporcionado. Este aspecto es vital porque determina muchas cosas; entre ellas, el tiempo que debemos trabajar para pagar lo que consumimos, el tiempo libre que nos queda después del trabajo y cómo afectamos a la ecología con el consumismo excesivo.

> "Creo que la simplicidad en la vida consiste en simplemente ser tú mismo."
>
> BOBBY BROWN

En la vida simple es importante tomar del mundo solo lo necesario para estar bien, sin privaciones. No se trata de vivir en la escasez, de vivir como pobre ni de privarse de los beneficios materiales de la vida moderna. Solo se trata de no tomar nada en exceso, de no caer en la ambición desmedida, con las consecuencias que tiene en todos los aspectos de nuestra existencia. No es un estilo de vida limitante, a menos que tú lo hagas así. Su propósito no es vivir con muy poco, sino descubrir cuán bien puedes vivir con menos. Es una cuestión de calidad sobre cantidad. El objetivo es mejorar la calidad de vida, recuperar el olvidado *joie de vivre* (la alegría de vivir).

> "La simplicidad es el exacto punto medio entre muy poco y demasiado."
>
> SIR JOSHUA REYNOLDS

Como hay un énfasis en desacelerar, podría pensarse que la vida simple es la vida adormecida, narcotizada o una existencia fácil, complaciente por completo. Podemos ser productivos y, a la vez, vivir con sencillez. Sí es una vida más satisfactoria y reconfortante. No es un punto de llegada, sino más bien un viaje constante, lleno de descubrimientos y planteamientos nuevos.

Una de las dificultades es que hemos de enfrentar los esquemas sociales establecidos, las creencias e ideas propias adquiridas en sociedad y muchos malos hábitos adoptados a lo largo de la vida. Es necesario enfrentarnos, por ejemplo, a los comentarios de amigos, familiares y conocidos, quienes tienden a mirar con extrañeza los cambios que hacemos para vivir con mayor sencillez.

Tú también puedes llevar una vida más sencilla

Todos podemos simplificar nuestra vida de una forma u otra. Si utilizas tu creatividad, planeas y tienes paciencia, puedes llegar a trabajar menos, desear menos y gastar menos, para concentrarte en tener armonía, paz interior y satisfacción. Hay quienes a partir de una experiencia emocionalmente intensa, que resulta ser transformadora, como podría ser una enfermedad o un accidente, deciden alejarse de las complicaciones en las que la mayoría vive inmersa. Es así que eligen cambiar de empleo a otro quizá menos remunerado, pero más rico en experiencias y deleite; es así que se mudan a un lugar

> "¡Libérate de las complejidades de tu vida! Te espera una vida de sencillez y felicidad."
>
> STEVE MARABOLI

más cercano a sus seres queridos; es así que deciden eliminar el exceso y quedarse solo con lo necesario para vivir bien.

Pero no es preciso hacer grandes transformaciones: aun los cambios que parecen insignificantes resultan gratificantes y decisivos. Pequeños pasos día con día pueden llevarte a una menor complicación y a una mayor satisfacción. Hay muchas formas de dejar atrás la vida complicada, pero cada persona debe encontrar la propia y en el área específica que lo necesita: trabajo, relaciones, tiempo libre, espiritualidad, dinero, transporte, vida en comunidad y aspectos ecológicos. Para simplificar tu vida no es necesario que vivas en el campo. A pesar de que es posible encontrar una gran paz en estos entornos, tampoco es imperioso que te internes en un monasterio budista, que vivas como ermitaño o que te conviertas en monja secular. De hecho, muchos seguidores de esta forma de vivir habitan en las grandes ciudades. Son simplificadores urbanos.

¿Qué beneficios hay para ti en la vida simple?

Las ganancias son muchas y estoy seguro de que alguna vez has deseado gozar por lo menos de un par de ellas. ¿Por qué alejarse de las complicaciones y acercarse a lo elemental?

— Porque te ayuda a encontrar un balance entre el trabajo y el tiempo libre, lo cual es benéfico para tu salud psicológica y emocional.

— Porque te permite disfrutar más de la vida, al estar consciente de cada momento que vives.

— Porque al vivir con mayor sencillez viajas más ligero por la vida.

— Porque es una buena alternativa: vivir en lugar de solo sobrevivir.

— Porque puedes mejorar tu calidad de vida al atender lo que en verdad es importante y significativo para ti.

— Porque una forma de encontrar la felicidad es cambiar tu estilo de vida, participar en tu comunidad, hacer algo diferente y estimulante.

— Porque te facilita dejar atrás esas actividades que drenan tu energía.

— Porque, a nivel individual, reduces el impacto de tu consumo en el medio ambiente, dado que haces un uso razonable de bienes y recursos.

— Porque desarrollas tu autenticidad al dejar de vivir de acuerdo con las expectativas de otros.

— Porque tienes mayor libertad para elegir, por ejemplo, cómo utilizar tu tiempo. Así dejas de sentir que alguien más te controla.

— Porque puedes vivir sin prisas, a tu aire.

— Porque te libera de la rutina.

— Porque la vida simple es más contemplativa, ideal para la reflexión y la búsqueda de significado y profundidad en las cosas.

Llegó el momento de descubrir un bello y útil mensaje en una historia. Como preparación para la lectura, te sugiero hacer un par de inhalaciones y exhalaciones lentas y profundas. Pon atención a los sonidos que alcanzas a escuchar. Nota tu respiración. Haz contacto con tu cuerpo; siente cómo la ropa que traes puesta roza tu piel. Siente el peso de tu cuerpo y cómo descansa sobre el mueble donde te apoyas. Siente los latidos de tu corazón. Esto te ayudará a conectarte con más facilidad con los personajes y a aprovechar el mensaje que la historia tiene para ti. El propósito de hacerlo así es que encuentres una mayor inspiración en el relato. Acércate a la historia con la idea de que hay un mensaje importante y útil para ti.

Para reflexionar sobre la vida simple
Un cuento sufí
Árabes contra turcos

Cuenta la leyenda que, hace mucho tiempo, un poderoso rey persa quiso saber quiénes eran los mejores artistas: los árabes o los turcos. Ambos gozaban de gran reputación en el manejo de las artes plásticas, así que decidió ponerlos a prueba. Tanto los árabes como los turcos elegirían un representante para demostrar su maestría mediante una pintura mural. El rey asignó a cada uno de los artistas un recinto y les ordenó que demostraran su arte, con todos los materiales que necesitaran a su disposición.

Cada uno se esmeró en resaltar sus facultades artísticas. El artista árabe día a día solicitaba mayores cantidades de colores para embellecer su habitación y escogió con todo cuidado cada una de las tonalidades. Sabía que los colores del interior debían ser estimulantes, porque el color influye en el espíritu y el estado de ánimo. Mientras tanto, el artista turco nunca demandaba nada. Decidió centrar su esfuerzo inicial en eliminar cualquier color, mancha o suciedad que hubiese en las paredes.

Los dos artistas trabajaban en el mayor secreto y en silencio, hasta que el artista árabe anunció el fin de su trabajo con todo orgullo.

El rey convocó a toda la corte y se dirigieron a contemplar la obra del maestro árabe. Quedaron impresionados por la perfección de los dibujos, el esplendor de la pintura y la exquisitez de los colores. A continuación, se dirigieron a la otra estancia.

Al entrar se encontraron con muros cubiertos por velos, que fueron removidos en ese preciso momento.

Para sorpresa y admiración de los asistentes, de inmediato apareció una gran variedad de colores reflejados con absoluta belleza y delicadeza en las paredes de la sala turca. Iluminado por el sol radiante e intenso del mediodía, que pasaba a través de los cristales, cada muro reflejó los colores en que se descompone la luz blanca del sol: rojo, naranja, amarillo, verde, azul turquesa, añil y violeta. Ante tan simple magnificencia, el rey decidió dar el triunfo a los turcos, con lo cual ennobleció la belleza de la naturaleza y la sencillez.

Muchas veces la belleza se encuentra en lo simple, en lo natural, en lo gratuito, como en el caso de los colores que producía el sol sobre las paredes pulidas en esta historia. A veces, la belleza y la sabiduría consisten en lo breve, lo pequeño, lo sencillo; en la contemplación de la naturaleza, como lo demuestran los haikús, poemas tradicionales japoneses que tienen la intención de provocar admiración mediante solo 17 sílabas:

La hierba reverdece
sin ayuda de nadie.
La flor florece.

Masaoka Shiki

A menudo conseguimos paz y armonía cuando eliminamos cosas, más que cuando añadimos, como en la arquitectura o en el diseño minimalista, en que las formas han sido reducidas a lo esencial y en que se despoja de elementos sobrantes. Ese es el camino de la simplicidad. El vacío y los espacios en blanco dan significado y forma a lo que se encuentra a su alrededor; es parte fundamental de cada cosa, experiencia, ambiente o actividad. Nadie podría haberlo expresado mejor que Lao Tsé: "Lo que le da su valor a una taza de barro es el espacio vacío que hay entre sus paredes".

Así como cada objeto preciado en nuestra casa necesita un espacio alrededor para lucir por completo, cada vivencia, cada momento que compartimos con las personas, cada pensamiento y sentimiento necesitan estar rodeados de un espacio vacío para apreciarlos en su justa dimensión. Es así como los espacios en blanco, físicos, auditivos o temporales, contribuyen a la simplicidad y a la belleza.

Integrar lo simple a la vida diaria puede tomar diferentes formas: dejar de abarrotar, aprovechar los vacíos y deshacerse de lo no esencial para disfrutar de un área mayor y llenarla con experiencias, como reuniones con amigos, tranquilidad o un ambiente más armónico, en lugar de hacerlo con innumerables objetos.

Hacerse de un espacio permite disfrutar de cada objeto o mueble en la casa y en el lugar de trabajo. Un área más amplia te permite, si así lo quieres, disfrutar del baile, de la pintura o del ejercicio. Este es el valor que tienen los espacios menos saturados y que nosotros mismos podemos crear.

Hay que dirigir con menor frecuencia la mirada hacia lo saturado y con más frecuencia hacia los espacios en blanco, los silencios, lo llano, lo liso, lo natural, lo disponible; en pocas palabras, volteemos a ver lo simple.

Ahora que ya sabes qué es la vida simple, puedes pensar en las elecciones que pueden llevarte a una vida con menos complicaciones. Pero antes de pasar al siguiente capítulo, que trata sobre cómo nos hacemos las cosas difíciles al acumular sin medida, hay aquí unos desafíos para ti.

• •

¿Aceptas estos desafíos para simplificar tu vida?

1. Pregúntate:
   - ¿Qué es tener una buena vida para mí?
   - ¿Qué me hace feliz?
   - ¿Cómo quiero vivir?
2. Comparte con otras personas las maneras como has complicado tu existencia.
3. En casa, observa a tu alrededor y, para cada cosa que veas, decide si la necesitas o si solo la conservas en tu afán de posesión.
4. Piensa en un cambio que te gustaría hacer hacia una existencia más sencilla. ¿Qué dirían tus amigos y familiares?
5. ¿Qué área de tu vida te gustaría simplificar?

Tus propios desafíos

Escribe cuáles retos te propones a partir de lo leído en este capítulo:

1. _____

2. _____

3. _____

• •

> "La vida es verdaderamente sencilla, pero nosotros insistimos en hacerla complicada."
>
> CONFUCIO

Hacer espacio. Reducir. Simplificar

"La simplicidad es muy importante para la felicidad.
Tener pocos deseos, sentirse satisfecho con lo que se tiene, es vital:
satisfacción con lo mínimo de comida, ropa y abrigo para
protegerse de los elementos."

DALAI LAMA

¿**P**or qué menos es más? ¿Qué te impide deshacerte de lo innecesario? ¿Qué beneficios trae consigo eliminar lo que está de sobra? ¿Cómo comenzar a crear espacio físico y en tu vida emocional? Descubre cómo reducir el consumo y cómo eliminar la carga emocional para ir más ligero por el mundo.

Cuando nada es suficiente

"Lo quiero, lo necesito y debo tenerlo" es una frase típica en las revistas de moda. Es el mensaje que se desea imponer a través de la publicidad. Así es como los publicistas quieren que actuemos: condicionados a hacer grandes esfuerzos por tener más y apegarnos a lo material como método para encontrar la felicidad. No solo los expertos en mercadotecnia, a través de sus irresistibles ofertas, apelan a nuestra inseguridad para que compremos un mayor número de bienes: la sociedad en general nos empuja a que consigamos más ropa, un mejor automóvil, una casa más grande.

Es evidente que la presión social incide en nuestro deseo de tener y hacer más y más: "¿No has ido a Europa? Te has perdido de las vacaciones de tu vida"; "Debes tener un auto más lujoso, tienes uno muy sencillo para tu puesto de trabajo"; "No puedes dejar de leer la trilogía de esta autora, es lectura obligada".

En estos tiempos, lo importante es tener, y tener más. Medimos la felicidad por las cosas que poseemos. Estamos convencidos de que más es mejor. Pero, ¿en verdad es así? ¿Cuánto es suficiente? ¿Dónde está la línea de llegada, la meta, en esa búsqueda de más y más? ¿Qué estamos buscando con exactitud? ¿Es posible tenerlo todo? Y si así fuera, ¿qué pasaría? Estas son preguntas que nos plantea la autora minimalista Francine Jay en su libro *The Joy of Less*[1] Las respuestas no son fáciles. Es más, la respuesta es otra pregunta: ¿No es más fácil disfrutar las cosas como son, estar satisfechos con lo que tenemos? Claro, para lograrlo hay que desarrollar un gran sentido de gratitud por lo que poseemos: el techo que nos abriga, el trabajo que nos da comodidades. Francine Jay también dice que las cosas merecen menos atención que la que les damos, y estoy de acuerdo con ella. Hemos idealizado lo material, de manera que pensamos que nos traerá la felicidad.

> "Si te das cuenta de que tienes suficiente, eres verdaderamente rico."
>
> Lao Tsé

Al parecer ha sido todo lo contrario. Nos ha traído una forma de opresión física. Por ejemplo, al saturar el espacio donde vivimos o trabajamos, se reduce nuestra movilidad. A nivel psicológico nos roba energía mental: a mayor número de posesiones, menor libertad porque nos anclan a un empleo, no siempre satisfactorio, porque hay que pagarlas; nos obligan a tener más bienes, como una casa más grande, para almacenarlas. A mayor número de pertenencias,

[1] Jay, Francine, *The Joy of Less, A Minimalist Living Guide: How to declutter, organize and simplify your life*, EUA, Anja Press, 2010.

menor gozo con los amigos, la familia, la naturaleza, lo bello de la vida, pues hay que cuidar de ellas: afinar el automóvil, asegurar la vivienda, darle mantenimiento a la casa, cuidarlas para no perderlas. En el terreno financiero, poseer muchas cosas nos obliga a trabajar más para poder mantenerlas y pagarlas, y en ocasiones a generar deudas. El exceso de trabajo nos impide llevar a cabo otros planes, como cambiar de giro profesional, regresar a la escuela, comenzar un negocio propio, iniciar un nuevo pasatiempo.

> "La riqueza no consiste en tener grandes fortunas, sino en estar satisfecho."
>
> MAHOMA

Si queremos tener vidas más satisfactorias, quizá debamos desear menos en lugar de hacer un esfuerzo constante por obtener más. Es necesario descubrir qué es suficiente y optar por ello en lugar de excedernos. El gran filósofo chino Lao Tsé enseñaba que "aquel que sabe lo que es suficiente, es rico". A nivel social se valora lo grande, lo radical, lo aparatoso, lo *maxi, hiper y mega*. No quiero decir que hacerse de cosas esté mal, sino que no está bien tenerlas para lograr aprobación social. No tienes que vivir como lo hacen otros. Si no necesitas un automóvil último modelo, un librero o veinte pares de zapatos, no tienes por qué tenerlos. ¿Quién dice que tus paredes deben estar llenas de cuadros y tus repisas repletas de decoraciones y libros? Una alternativa es vivir con menos, vivir con moderación.

¿Por qué menos es más?

No son pocos los grandes personajes, escritores, filósofos y artistas que han descubierto y gozado de la alternativa de vivir con menos. Entre ellos está el escritor y filósofo estadounidense Henry David Thoreau, quien en un intento por experimentar la naturaleza, vivió en una cabaña en el bosque, cerca de sus amigos y familia, durante dos años, en 1845. De sus reflexiones durante ese tiempo se derivaron algunas de sus ideas acerca de la vida simple. Gandhi, el gran pensador y político indio, en quien tuvieron gran influencia las ideas de Thoreau, pensaba que una persona involucrada en el servicio social debería llevar una vida simple. Uno de sus principios, renunciar al estilo de vida occidental, para él significaba la reducción casi absoluta de necesidades y un consumo mínimo. El poeta estadounidense Walt Whitman afirmaba que la simplicidad es el arte del arte. Escuchamos una y otra vez lo siguiente en la voz de arquitectos, compositores y poetas: la simplicidad es la esencia de la belleza. Debe haber algo de cierto en ello. Quizá cuando hayamos agotado todas las complejidades volveremos a lo simple y a reducir nuestras necesidades, a vivir de manera frugal.

> "Con unas cuantas flores en mi jardín, media docena de pinturas y algunos libros, vivo sin envidia."
>
> LOPE DE VEGA

¿Qué es lo que hay en la frugalidad que puede contribuir a nuestra felicidad? ¿Por qué menos es más? Porque al contar con menos bienes o eliminar lo innecesario, adquirimos libertad. En pocas palabras, evitamos tener que almacenar, limpiar, reparar, proteger o cargar con el exceso. Esto puede tener un fuerte impacto sobre nuestra vida: como no hay presión para comprar y poseer, se reduce el estrés y aumenta el tiempo libre, lo cual contribuye a nuestro bienestar y al desarrollo de todo nuestro potencial. ¿Quién no quisiera tener más tiempo libre para disfrutar de aquello que ha querido hacer por tanto tiempo? Podría ser algo tan sencillo como sentarse una tarde en el parque a mirar la gente pasar, aprender un idioma o enfocarse en lo que el dinero no puede comprar, como un espacio para dedicarlo a los pasatiempos, la salud y la paz mental.

> "Al sembrar frugalidad cosechamos libertad, una cosecha de oro."
>
> AGESILAUS

Vivir con menos nos da libertad de acción. Cuando no tienes grandes necesidades es más fácil dejar un trabajo insatisfactorio al cual te sientes anclado, donde no te tratan con dignidad. Vivir con menos es viajar ligero por la vida. Tener una menor necesidad de cosas materiales nos permite ahorrar para llevar a cabo nuestros proyectos personales o, a la larga, adquirir una mayor independencia financiera. Una clave para alcanzar la verdadera felicidad consiste en desarrollar la capacidad para estar satisfecho con poco. Quizá debamos seguir el consejo del gran emperador romano Marco Aurelio: "Recuerda: necesitas muy poco para vivir feliz". Hay quienes ya lo hacen.

En la siguiente historia, Noé, un simplificador y entusiasta de la vida minimalista, relata su determinación de vivir con poco y ser feliz de acuerdo con la máxima de Marco Aurelio. Noé decidió reducir sus posesiones personales tras sentirse abrumado y sofocado por el exceso de cosas que había acumulado. En su historia leemos acerca de los beneficios que trajo a su vida el hecho de reducir sus posesiones materiales.

El placer de acumular
Noé

Siempre creí que la felicidad consistía en poseer. Desde pequeño, cuando veía disfrutar a otros niños con los juguetes que yo no podía conseguir, pensaba que el acto de tener era el único sinónimo de la felicidad.

Crecí en un hogar modesto, rodeado de lo necesario para vivir pero con ciertas carencias. Aunque nunca me faltó comida, vestido o calzado, los ingresos de mis padres no alcanzaban para paseos, diversiones o regalos, cosas que en aquella época fueron muy escasos.

Por eso cuidé en exceso los pocos obsequios que logré obtener: algunos juguetes fueron tan preciados para mí que jamás los saqué de su envoltura.

¿Fue entonces que me convertí en un acumulador? No lo sé. Recuerdo que, al crecer, comencé a rodearme de objetos que me recordaban mi infancia: cochecitos a escala, los muñecos y estampas de las famosas películas de héroes galácticos que no pude ver, discos que siempre quise, prendas de vestir, zapatos, balones, pelotas, bicicletas. Por cientos. Incluso por miles. Llené mi casa de todo esto.

Con mi primer sueldo de adulto, cuando logré terminar los estudios, compré un juego de seis bicicletas: el mismo modelo en diferentes colores. La que siempre soñé.

Cuando conocí a quien ahora es mi esposa, los primeros paseos consistieron en ir a los grandes almacenes, a los bazares de artículos viejos, a los mercados dominicales, para buscar aquellos objetos que me recordaran una carencia infantil: llegué a pagar hasta decenas de miles de pesos por objetos que para los demás eran insignificantes.

Pero todo eso se terminó un día, cuando ella, la chica de quien estaba enamorado, visitó mi casa. Abrumada por la gran cantidad de cacharros, me preguntó qué haría con todo eso el día que quisiéramos formar juntos una familia.

Le expliqué mis razones y me hizo comprender algo que para mí no era evidente: por más que acumulara, por más que comprara, el vacío que yo creía sentir no iba a cubrirse. Siempre estaría conmigo porque intentaba llenarlo del modo equivocado.

—No es poseerlas, sino saber disfrutarlas, lo que hace entrañables a las cosas —me dijo. Y era cierto. Esas cosas que me fascinaban al comprarlas, iban a parar a cajas almacenadas en mi casa, donde quedaban en el olvido casi de inmediato.

Tomé entonces una decisión que me cambió la vida: comencé por los cientos de libros y los discos. Los doné a la escuela donde estudié de niño, que aún carecía de una buena biblioteca.

Y lo mismo ocurrió con los juguetes, que entregué en diversos centros de atención para niños huérfanos de mi ciudad, a los que vuelvo de vez en cuando como visitante.

En menos de un año, con la ayuda de mi mujer, me deshice de casi todo aquello que tenía almacenado y solo conservé un conjunto de objetos que tenían un significado verdadero para mí.

El mejor de todos: un pequeño robot blanco que enciende sus luces y mueve los brazos cuando se le acciona la palanca. Al sacarlo de su envoltorio y jugar con él, el hombre que hoy soy hizo la paces con aquel niño que lo anhelaba tanto.

Es común que tratemos de compensar las carencias que tuvimos en la infancia con lujos y posesiones materiales. Llegamos a pensar, como Noé, que el acto de poseer es el único camino a la felicidad. En el proceso, nos olvidamos de ser.

Cada uno decide con qué llenar los vacíos emocionales, producto de nuestra historia familiar y personal. Noé quiso llenar su vacío con cosas materiales. Sin embargo, pronto cayó en la cuenta de que, por más que acumulara, por más que comprara, el vacío que sentía no iba a colmarse. Siempre estaría con él porque intentaba llenarlo del modo equivocado. Para él esto fue una revelación que provino de la mujer a quien amaba. Pero en otros casos esta revelación puede surgir de un orientador espiritual, de un terapeuta o de las circunstancias que nos obligan a eliminar lo superfluo.

Al igual que Noé, quizá te sientas abrumado por la acumulación de objetos que deja muy poco espacio para la libertad. Del mismo modo como lo hizo él, tú puedes eliminar el exceso material en casa o en la oficina, empezando con un cajón o un clóset. El proceso de eliminación toma tiempo, pero vale la pena por el gran peso que te quitas de encima. Algunos temen que, por tener menos posesiones materiales, se pierden del placer que provocan o que se reducirá su felicidad. La vida sencilla no se opone a los placeres; por el contrario, al tener menos por qué preocuparte (esto incluye los compromisos sociales), te queda más tiempo para disfrutar lo que ya tienes.

¿Qué te impide deshacerte de lo innecesario?

Si, de acuerdo con el budismo, el apego, aferrarse a las cosas apasionadamente, "es el origen del sufrimiento", quien se toma demasiado en serio la cuestión de la pertenencia es más propenso a sufrir. Bien valdría la pena ejercitarnos en el desapego y dejar de "poseer" de manera ansiosa. Nadie ha expuesto esta idea mejor que el gran maestro espiritual de la india, Siddhartha Gautama Buda: "Todo esfuerzo por aferrarnos nos hará desgraciados, porque tarde que temprano aquello a lo que nos aferramos desaparecerá y pasará. Todo lo adquirido puede perderse, porque todo es efímero".

Detrás del apego hay una gran ansiedad por el desprendimiento de nuestras pertenencias. Quizás, en un grado menor, muchos tendemos a aferrarnos a objetos sin utilidad. Están los que guardan la hoja de un árbol que encontraron en su caminata matutina por el parque, solo porque tiene una forma especial; los que conservan los boletos de la obra de teatro que vieron con la persona amada; los que acumulan grandes cantidades de revistas, "por si algún día vuelven a leerlas o llegan a necesitarlas".

> "Aprende a dejar ir todo lo que temes perder."
>
> YODA

Una de las cosas que la gente acumula con mayor frecuencia es la ropa. Hay armarios repletos de prendas que ni se usan ni se desechan. Las razones más comunes para conservarlas son: "No vaya a ser que vuelvan a estar de moda"; "Qué tal si adelgazo y ya no tengo qué ponerme"; "Siempre es bueno tener algo extra, por si acaso". La verdad es que la ropa no vuelve a ponerse de moda, si adelgazamos siempre podemos comprar ropa adecuada para nuestra talla y tener prendas "extra" casi nunca es de utilidad.

La acumulación digital también es común: nos llenamos de archivos que nunca consultamos, de presentaciones que nunca volvemos a ver. Pero no es solo el espacio físico o digital lo que llenamos con demasiadas cosas, sino también la mente. Llenamos nuestra cabeza con pendientes que mantenemos latentes en la memoria, en lugar de descargarlos sobre un trozo de papel o en nuestra agenda.

Hay quienes encuentran difícil desprenderse de los libros que leen y deciden mantenerlos en innumerables repisas como si fueran trofeos a su conocimiento o para leerlos de nuevo. Comprendo que podemos guardar libros de referencia o algunos muy queridos, pero, como dice una amiga, ¿de veras vamos a tener el tiempo, a lo largo de la vida, para leer otra vez las novelas que ya leímos? Después de todo, siempre estarán disponibles en una biblioteca o con amigos.

Hay una tendencia mundial muy interesante para mantener los libros en movimiento llamada *bookcrossing*, que en México se llama *Libros libres*. El método consiste en darle el libro a un amigo, dejarlo en la banca de un parque u "olvidarlo" en una cafetería, para que alguien más tenga acceso a él. Es una buena opción para compartir "nuestros tesoros" y dejar de acumular.

> "Si quieres estar completo, permítete estar vacío."
>
> LAO TSÉ

A veces pensamos que, si nos deshacemos de algún objeto relacionado con una persona, un lugar o cierto momento especial, desaparecerán de nuestra mente. Nada más alejado de la realidad. **Si el recuerdo es en verdad importante, permanecerá en la mente y en el corazón**. Si no, pasará al olvido y no podremos evitarlo. En otras ocasiones, sentimos culpa por deshacernos, por ejemplo, de ropa sin usar, regalos que nos han hecho, artículos con valor sentimental, *souvenirs*. Sentimos que no honramos a quienes nos los obsequiaron. Hay que tomar en cuenta que, al liberar las cosas, alguien las apreciará y disfrutará, y servirán a su objetivo con mayor razón.

A menudo es por pereza que evitamos hacernos de un mayor espacio físico, por medio del orden y la reducción de cosas materiales. Como el proceso de simplificación de tu vida toma tiempo, no necesitas hacer reducciones de una vez. Puedes comenzar por un cajón y continuar con otro la siguiente semana, siguiendo tu ritmo personal. También puedes hacer depuraciones continuas para evitar que las cosas se acumulen y donar lo que ya no necesitas. La cuestión es identificar lo innecesario y prescindir de ello. Una vez que te haces consciente de las cosas superfluas que acumulas, te resulta más sencillo identificar, de allí en adelante, qué mantener y qué eliminar.

Guía para hacer espacio, reducir y simplificar

Esta es una guía a prueba de cualquier resistencia que puedas tener para deshacerte de lo que tienes en exceso. Elige un artículo u objeto del que crees que puedes prescindir. A continuación, contesta las siguientes preguntas:

1. ¿Para qué lo compraste? ¿Para quedar bien con alguien? ¿Fue una compra por impulso?
2. ¿Con qué frecuencia lo usas?
3. ¿El uso que le das justifica el espacio que ocupa en tu casa, habitación u oficina?
4. Si te deshicieras del objeto, ¿podrías pedirlo prestado, rentarlo, volver a comprarlo?
5. ¿En verdad te gusta?
6. ¿Has decidido conservarlo solo porque te ayuda a recordar los buenos tiempos o los amores perdidos? ¿Es esta una buena razón para conservarlo?
7. ¿Te quejas cuando tienes que limpiarlo?
8. ¿Tienes espacio suficiente para guardarlo o tienes que moverlo cuando buscas algo más?

Una vez que hayas contestado las preguntas, tendrás una idea clara de si en verdad deseas conservar ese artículo o puedes prescindir de él.

Quitarse un gran peso de encima

Entre los beneficios que obtienes al evitar el abarrotamiento de cosas en tu vida están los siguientes:

— Al deshacerte de artículos con valor sentimental, también te separas de quien solías ser en el pasado. Puedes agradecer que esos artículos estuvieron en tu vida y admitir que fueron importantes en otro momento, pero ahora eres una persona diferente, con situaciones nuevas por enfrentar.

— Cuando aceptas que hay ropa que ya no te queda, reconoces que tu cuerpo ha cambiado y que quizá nunca vuelvas a tener la talla que tenías hace años. Esto significa **admitir el innegable paso del tiempo**. Aunque no lo creas, aceptarlo contribuye a tu tranquilidad y felicidad.

— En cuanto a los hijos, ellos también crecen y las cosas que usaron, como los juguetes, o que ellos mismos crearon en años anteriores, como sus trabajos escolares, ya forman parte de su pasado. Quizá, solo por cuestiones sentimentales, quieras conservar una muestra de esos años.

— Soltar lo que ya no necesitas tiene un efecto importante sobre tu bienestar emocional. El deseo de control provoca muchos problemas y dejar que las cosas e ideas entren y salgan de tu vida con libertad, en lugar de aferrarte a ellas, te brinda una ligereza que no puedes obtener de ninguna otra manera. Es más fácil hacer cambios en nuestra vida sin una pesada carga encima.

— Cuando dejamos ir lo excesivo o innecesario, aprendemos a vivir en el cambio constante; no como otros viven, detenidos en el tiempo, deseando que nada cambie. Así no hay frustración por la apariencia, los intereses o las ideas. Si tienes cuarenta años de edad no querrás seguir viviendo como si tuvieras veinte.

Ahora bien, recuerda: no tienes que deshacerte de todo lo que posees, sino vivir de manera frugal, solo con lo que necesitas y rechazar el exceso. Acoge la idea de suficiencia, de estar satisfecho con lo que tienes y así incrementarás tu capacidad de gozo y creatividad en la vida.

Espacio y anchura para esa preciosura

La idea de simplificar por medio del orden y la frugalidad no solo es aplicable a cuestiones materiales, también es aplicable a lo mental. También existe desorden, confusión y basura mental. Solo que hay que ir de afuera hacia adentro: comenzar por lo externo. En la medida en que pongas orden y proporciones espacio suficiente a cada cosa en tu entorno físico, arreglarás mental y emocionalmente tus experiencias internas. Por ejemplo, recuerda cómo te has sentido cuando estás en un espacio armónico, carente de excesos, que te permite disfrutar de cada uno de los objetos que hay. Puede ser una iglesia, la sala de una casa o un jardín. En general, la armonía y la simplicidad van de la mano con la belleza y la sensación de quietud que puede transmitirnos un recinto; para comenzar, nuestra propia casa. Así es como lo externo tiene un efecto sobre nuestro sentir.

Crea espacios bellos, busca la buena forma, la calma y el orden. Por ejemplo, en los espacios zen no hay ornamentación excesiva, los muebles son de líneas sencillas, se emplean materiales naturales y luz indirecta, además de que se estimula el bienestar por medio de la presencia de aromas agradables. Se trata de dejar fuera el barullo del mundo exterior y de optar por la sobriedad y la comodidad de un espacio de sosiego. Tú también puedes crearte espacios más simples y armónicos. Basta con que te lo propongas.

> "No se trata de incrementar cada día, sino de reducir cada día. Elimina lo no esencial."
>
> BRUCE LEE

En Japón reconocen la importancia de un entorno sereno y el papel que juegan la clasificación, el orden y la eliminación del exceso. **Clasificar es separar lo innecesario, eliminar lo inútil.** Ordenar implica situar lo necesario, organizar los objetos y el espacio de manera eficaz y cuidadosa.

Para los japoneses, eliminar el exceso es vital. El término japonés *danshari* puede ser muy útil si de curar la enfermedad del exceso se trata. Este término, que significa evitar la acumulación y vivir solo con lo necesario, está compuesto de tres partes: *dan*, que significa "rechazar", no traer cosas innecesarias a tu vida, y esto se aplica a los objetos y a lo emocional; *sha*, que significa "deshacerse de" lo que está de más; *ri*, que significa "separarse", desapegarse y desarrollar la noción de suficiencia (*wabi*).

Danshari involucra tomar decisiones firmes acerca de lo que se queda en la casa o la oficina y lo que se va. Nos referimos a un apego emocional a las cosas, que no es exclusivo de los acumuladores extremos sino de personas comunes y corrientes, como tú y yo, que se identifican con lo que tienen o que les cuesta trabajo dejar atrás lo que representan los objetos a los que se aferran: el pasado.

Aquí te ofrezco algunas ideas de lo que puedes hacer si tu intención es deshacerte de la saturación en tu entorno:

— Da prioridad a la calidad, no a la cantidad. Recuerda que menos es más. Por ejemplo, podrías tener un suéter de excelente calidad, en lugar de cinco "mediocres".

— Encuentra los límites adecuados. Reduce el número de libros que tienes y aplica este principio a las actividades y compromisos.

— Dale un espacio y su debida importancia a cada objeto, actividad o compromiso. Cuando lo haces así, cada cosa recibe la atención que le corresponde.

— Cuida el aspecto estético y armónico en todo lo que hagas. Busca la buena forma. Puede haber gran belleza en la sencillez.

— Deja atrás las pretensiones. Olvídate de competir en cuestiones materiales; así podrás ser más feliz. El afán competitivo crea resentimiento y energía negativa a tu alrededor. No tienes que probar nada a nadie. Sé auténtico y vivirás mejor.

— Asegúrate de saber cuánto es suficiente para ti. Quizás otros necesiten más o menos. Lo que importa es cuánto necesitas tú en realidad. Aprende a distinguir entre las cosas que ambicionas y las que son esenciales.

— Elige solo lo suficiente y disfruta de ello, en lugar de caer en los excesos.

Algunas personas encuentran difícil hacer la selección de lo que está de más en su casa o en la oficina. Para los que dudan, aquí hay una guía que les ayudará a tomar decisiones sobre lo que "debe partir" a la hora de hacer una depuración. Estas recomendaciones están basadas en las ideas propuestas por los amantes del minimalismo.

Es oportuno separarte de un objeto:

— Si no sabes qué es, para qué sirve, cuándo lo compraste o quién te lo regaló.

— Si quedártelo te exige mucho tiempo, energía o dinero.

— Si se puede digitalizar (documentos, música, fotos, libros).

— Si se te olvidó que lo tenías. Lo más seguro es que pronto olvides que lo has eliminado.

— Si le pertenece a alguien más. Devuélvelo.

— Si ya tienes uno igual.

— Si alguien más puede darle un mejor uso.

— Si no sabes cuándo volverás a usarlo. No guardes los objetos "por si acaso".

— Si la última vez que lo utilizaste fue hace un año. Si no lo has usado en un año, no te preocupes: no vas a extrañarlo.

Huir del consumo excesivo

Además de la limpieza de todo lo innecesario, para liberarte de excesos materiales debes huir del consumo excesivo. Las compras compulsivas han hecho estragos en muchas de las carteras de quienes se han entregado al consumo sin límites. Con la aparición de las tarjetas de crédito, podemos comprar ahora y pagar después. El lapso entre el momento en que surge el deseo de obtener algo y comprarlo se ha reducido de forma dramática. Ahora podemos comprar casi cualquier cosa *on-line* con tan solo un *clic*. Recuerdo una época cuando la gente ahorraba con paciencia para comprarse lo que quería. Y no hace mucho tiempo de eso: yo mismo ahorraba en mi infancia y adolescencia para conseguir discos o cualquier cosa que me resultara atractiva.

El ritmo vertiginoso en el que vivimos y la inmediatez tienen un efecto sobre nosotros a nivel psicológico y emocional. Lo accesible de los productos que se ofrecen *on-line* y en los establecimientos comerciales favorece la impulsividad. Las frases que encontramos en las revistas de modas estimulan las compras por impulso: "Lo vi, me gustó y lo compré".

> "Los consumidores modernos pueden identificarse con la fórmula siguiente: yo soy lo que tengo y lo que consumo."
>
> ERICH FROMM

La impulsividad es generada por estados de ansiedad. Es por medio de la adquisición que tratamos de eliminar esos estados desagradables, aunque bien sabemos que la satisfacción obtenida es solo temporal. El placer de comprar es tan efímero como el aroma de las flores cuando pasamos a su lado.

Cada vez que cedes a la gratificación instantánea, como en el caso de las compras impulsivas, crecen en ti la intolerancia y la impaciencia. Este escenario es incompatible con una vida sencilla, en la que se estimula el consumo racional, la prudencia y la parsimonia. Sigue estas ideas para reducir el consumo desmedido:

— Antes de comprar algo, pregúntate si en verdad lo necesitas. Renuncia a los gastos superfluos. Consume de manera responsable: tu consumo tiene un importante efecto a nivel ecológico. Toma del mundo solo lo que necesitas.

— Aléjate de esta idea: "Tanto tienes, tanto vales". Concéntrate en "ser" en lugar de "tener". Recuerda que, como afirmaba Erich Fromm, "puedes tenerlo todo pero carecer de ti mismo". Vuelve tus ojos hacia ti, hacia tu interior: eres mucho más que lo que vistes, calzas o posees.

— Pregúntate si lo que consideras tus necesidades en realidad lo son y no te han sido impuestas por los sistemas de mercadotecnia o tu deseo de mantener cierta imagen ante los demás. Vicki Robin, autora de *Su dinero o su vida*,[2] recomienda prestar atención al grado de satisfacción que nos producen las cosas y así distinguir una ilusión pasajera de la verdadera satisfacción.

— Haz intercambio de servicios de acuerdo con tus habilidades. Conozco a un pintor que intercambia sus cuadros por servicios que obtiene, como orientación legal, apoyo psicológico o algunos objetos.

— Deja enfriar el deseo. Prolonga el tiempo entre la urgencia de comprar algo y adquirirlo.

— En las revistas, periódicos y televisión, evita los comerciales. Si no sabes que algo existe, no sentirás la ansiedad de comprarlo y te evitarás el estrés derivado de tener que pagar algo que en realidad no necesitas.

— Cuidado con los productos milagrosos: "zapatos que hacen que bajes de peso". Por supuesto, ¡caminando y con dieta!

— De manera ansiosa buscamos qué desear y qué comprar, a veces solo por aburrimiento. No compres por diversión. Encuentra otras formas de pasar un buen rato que no sea en el centro comercial. Una buena opción es buscar el contacto con la naturaleza.

— Disfruta de las cosas sin tener que hacerlas tuyas. Puedes ver una pintura en una galería, algún objeto decorativo, algunas prendas

---

[2] Robin, Vicki, *et al*, *Your Money Or Your Life: 9 Steps to Transforming Your Relationship With Money and Achieving Financial Independence*, EUA, Penguin Books, 2008.

de vestir o muebles finos, y disfrutar de su existencia sin que surja el anhelo imperioso de comprarlas.

— Desobedece a los publicistas, mercadólogos y anunciantes. Si sigues las modas que imponen, siempre vas a sentirte inseguro porque muy difícilmente podrás mantener el ritmo acelerado y cambiante de los nuevos productos que ofrecen.

— Gasta en actividades más que en objetos materiales: invita a un amigo a cenar, toma un masaje relajante, llama a esa amiga que vive en otra ciudad, asiste a esa obra de teatro o a ese concierto que tanto anhelas.

— Invierte tu dinero en experiencias, no en acumulación de objetos. Dicen que el placer de un objeto nuevo es tan transitorio como su olor a nuevo. En contraste, **las vivencias permanecerán en la memoria hasta el fin de nuestros días**.

— Disfruta de los placeres sencillos de la vida: un café acompañado de una grata charla con un amigo, el sol que aparece después de una tarde de lluvia, el placer de ser recibido por amigos después de un largo viaje. Ninguno de estos placeres se vincula con una posesión material.

— Aprecia lo que tienes. Sé feliz con ello. Familiarízate con la idea de suficiencia: en realidad tienes lo que necesitas. Tú eres suficiente.

¿No sería fabuloso vivir sin la pesada carga emocional?

El apego, que podemos entender mejor cuando se trata de cosas materiales, también se manifiesta cuando nos aferramos a una emoción o sensación agradable. Una vez que la hemos experimentado en toda su intensidad, lo natural es que se diluya y desaparezca. Sin embargo, a veces nos resistimos a dejarla ir; quizás imaginamos que, si la soltamos, nunca más volveremos a sentirla. Incluso, en un intento por recuperarla cuando ya se ha ido, repetimos situaciones que, en apariencia, nos llevan a sentir de la misma forma, solo para

decepcionarnos con el resultado. Cada momento es único e irrepetible. "Haz algo bueno y después tíralo al mar", reza un dicho árabe.

> "Las posesiones, el éxito aparente, la publicidad, los lujos, para mí siempre han sido desagradables. Creo que una manera sencilla de vivir es lo mejor para todos, y lo mejor para el cuerpo y la mente."
>
> ALBERT EINSTEIN

Por desgracia, a veces también nos aferramos a sentimientos negativos como la ira, el resentimiento, el sufrimiento. **Nos asimos al dolor porque nos da miedo quedarnos con las manos vacías si lo soltamos.** Pero esto es como mantener todo el tiempo el puño cerrado porque no queremos dejar ir lo que tenemos en la mano. Hacerlo nos impide agarrar algo más, tal vez algo nuevo y mejor.

La incapacidad de soltar significa que no estás dispuesto a dejar el control, o la ilusión del control, para confiar en el proceso cíclico que siguen casi todas las cosas en la vida. El apego a las personas, las situaciones o las cosas implica la pérdida de tu libertad, porque terminas dependiendo de ellas.

Es perfectamente sano desear estar con las personas o disfrutar de tus posesiones. Sin embargo, si te aferras a ellas con desesperación, dejas de disfrutarlas y de confiar en que puedes llegar a tener algo nuevo o mejor. **Es preciso hacer un espacio para lo novedoso y bueno que te ofrezca la vida.**

Para los budistas, **la raíz del sufrimiento es el apego**: aferrarse, la resistencia al cambio y a lo nuevo. Cuando nos apegamos a algo o a alguien, lo que predomina es el dolor o el temor al sufrimiento. Sin duda, tú has experimentado el apego a nivel personal.

> "Eliminar todo lo que estorba es importante, pero aún más importante es eliminar la basura mental."
>
> TERRI GUILLEMETS

Desprenderse puede ser doloroso, incluso si dejamos ir algo que encontramos poco satisfactorio o que nos hace daño. Pero también puede traernos alivio, como cuando terminamos una relación que había llegado a su fin natural o cuando renunciamos a un empleo en el que ya no podíamos avanzar más.

Recuerda que nada de lo que tenemos nos pertenece y que tarde o temprano debemos soltarlo, dejarlo ir. Vaciarse significa desprenderse de lo inútil, lo excesivo, lo innecesario, lo complicado, para después integrar algo más fresco, valioso y sencillo. **El camino de la vida sencilla involucra vaciarse para después volver a llenarse, sin desbordarse.** Es un constante tomar y dejar. Comprender este concepto es un paso adelante en nuestro propósito de vivir una vida sin complicaciones.

Elimina la pesada carga mental

Al igual que almacenamos emociones en nuestra memoria emocional, cargamos nuestra memoria psíquica con un exceso de pensamientos. Muchos de ellos son no deseados e inconvenientes. Tal es el caso de las preocupaciones que te impiden dormir por la noche. Otro ejemplo de pensamientos negativos son las ideas de autocrítica mediante las que exageras y generalizas ("Mi vida es un desastre") o mediante las cuales pierdes de vista algunos aspectos de la realidad y ves las cosas como blancas o negras, sin ninguna tonalidad intermedia de gris ("Todo lo que hago sale mal"). Están también las ideas pesimistas mediante las cuales asumes que tu situación es permanente e irreversible ("Esta vergüenza nunca me abandonará").

> "Los pensamientos en sí no son una carga; lo que es una carga son los pensamientos innecesarios. Ellos son los que nublan tu visión."
>
> OSHO

El hecho de que algunos pensamientos intrusivos surjan de repente es algo que, en sí, no puedes controlar, pues así es el funcionamiento de la mente. Sin embargo, lo que sí puedes decidir es cómo responder a ellos. El malestar o bienestar que sientas depende de la forma como reaccionas y de lo que hagas respecto de las imágenes que surgen en tu mente.

Rumiar es repasar una y otra vez una imagen, como si hacerlo pudiera resolver algo. Muchas personas piensan que, si repiten una y otra vez la escena de lo ya sucedido, contribuirán de forma automática a la solución. Otras piensan que, si se preocupan lo suficiente sobre el hecho de que no son felices, al final van a encontrar una salida. El resultado es cansancio, irritabilidad, malestar, depresión y un pésimo estado de ánimo.

> "Nuestros pensamientos son como rumores en la mente. Podrían ser verdad pero, igualmente, podrían no serlo."
>
> WILLIAMS Y PENMAN

Mark Williams y Danny Penman, expertos en desarrollo de la conciencia y autores de *Mindfulness*,[3] proporcionan una clave acerca del verdadero problema: "La evidencia es clara: rumiar es el problema, no la solución". Al rumiar fortalecemos las ideas, nos cargamos de pensamientos que nos hacen daño y los acumulamos, en lugar de deshacernos de ellos.

Bueno, ya sabemos cuál es el problema. Ahora, ¿cuál es la solución? Estudios realizados por Briñol y colaboradores, que se han publicado en *Psychological Science*,[4] demuestran que hay formas de "limpiar nuestra mente". Por fortuna, una de las técnicas propuestas a partir de las investigaciones no requieren de mucho tiempo y esfuerzo. En sí, lo único que se necesita es lápiz, papel y un cesto de basura.

De acuerdo con los investigadores, escribir tus pensamientos negativos o no deseados en un pedazo de papel y depositarlos en un cesto de basura le resta importancia a estas ideas. ¿Cómo explican esto? El circuito neuronal no siempre puede distinguir entre lo mental y lo físico. **Eliminar físicamente las ideas negativas reduce**

---

[3] Williams, Mark y Penman, Danny D., *Mindfulness: A practical guide to finding peace in a frantic world*, Inglaterra, Hachette, 2011.

[4] Briñol, Pablo, *et al*, "Treating Thoughts as Material Objects Can Increase or Decrease Their Impact on Evaluation", *Psychological Science*, 2012.

su fuerza a nivel mental. Es una cuestión ritualista que quizá también funcione a nivel de autosugestión.

Algunas personas que han superado la dificultad para dormir han aplicado con éxito esta técnica. Escriben sus preocupaciones en un papel antes de dormir y, si les es posible, piensan en opciones de solución y determinan cuándo y cómo las llevarán a cabo. Si no surgen ideas de solución, basta con que escriban las inquietudes para soltarlas, transferirlas de la cabeza al papel. Lo mismo sucede con los pendientes o los asuntos que hay que recordar. Para no sobrecargar la memoria con abundantes datos, utilizamos agendas y notas.

Así pues, si deseas reducir tu carga mental, puedes escribir tus ansiedades antes de un examen y tirarlas a la basura. Escribir tus temores y eliminar las anotaciones suprime mucha de su fuerza. Anotar tus pensamientos negativos puede eliminar su efecto sobre tus emociones y puede hacer que dejen de surgir y capturar tu atención.

Detente en diferentes momentos del día y date cuenta de lo que estás pensando. Si es un pensamiento no deseado, en el que generalizas, saltas a conclusiones, exageras el significado de una situación o te exiges demasiado, escribe lo que piensas y tíralo a la basura. La meditación y la respiración consciente facilitan la atención plena y que te des cuenta de qué piensas. A partir de esta conciencia evitas sobrecargarte de pensamientos indeseados y, de alguna manera, aligeras tu mente y simplificas tu vida.

Prepárate para descubrir un bello y útil mensaje en una historia. Realiza un par de inhalaciones y exhalaciones lentas y profundas. Presta atención a los sonidos que escuchas. Nota tu respiración. Toma contacto con tu cuerpo; siente tu ropa sobre tu piel. Siente el peso de tu cuerpo y cómo se apoya donde estés. Siente los latidos de tu corazón. Esto te ayudará a conectarte con más facilidad con los personajes y a aprovechar el mensaje que la historia tiene para ti. El propósito de esta preparación es que encuentres una mayor inspiración en el relato. Acércate a la historia con la certeza de que hay un mensaje importante y útil para ti.

Para reflexionar sobre la vida simple
El hombre que alcanzó la iluminación

Una antigua historia de la India habla de un joven nacido en el Valle del Ganges, en el año 563 a.C. Era hijo del rey Suddhodana y de la reina Maya, quien murió al dar a luz. Un adivinador pronosticó que el recién nacido algún día dejaría a su familia y se convertiría en un gran asceta que vagaría por el mundo. El rey Suddhodana, tras escuchar la profecía, decidió proteger al pequeño príncipe del mundo exterior. Así, el niño creció dentro de los límites del palacio, rodeado de lujos y riqueza. A los 16 años de edad se casó con una hermosa princesa y continuó su vida entre placeres y comodidades.

Años después tuvo lugar un suceso que cambiaría su vida para siempre. Un día, a pesar de la sobreprotección de su padre y dada su natural curiosidad, Gautama, pues ese era su nombre, salió del palacio y se enfrentó a la realidad de la vida. Vio el sufrimiento en un anciano que llevaba una vida de privaciones, un hombre enfermo y un cadáver que era conducido por los dolientes en una procesión fúnebre. Estas imágenes lo conmovieron profundamente. También vio a algunos varones errantes, llamados ascetas, que habían logrado liberarse en parte del dolor que se aloja en el corazón.

Fue así que, a los 29 años, Gautama decidió abandonar a su familia y renunciar a su vida de placeres y riquezas para buscar una respuesta al sufrimiento del ser humano. Se despidió de su esposa e hijo mientras dormían y salió del palacio con cautela. Antes de partir se prometió volver solo hasta que hubiese encontrado la solución al sufrimiento.

En su búsqueda de prácticas espirituales, Gautama encontró a cuatro ascetas practicantes de la autodisciplina. Decidió unírseles y durante seis años se entregó a una severa disciplina de meditación y austeridad en la quietud del bosque. Se sentó bajo un árbol y decidió ayunar hasta alcanzar la iluminación, aunque le costara la vida. Debilitado por el ayuno, se desplomó en una zanja, incapaz de levantarse. Una joven que pasaba por allí lo descubrió, lo alimentó y lo cuidó hasta que se repuso.

Entonces se dio cuenta de que su vida de austeridad no le había revelado verdades profundas y que la penitencia del cuerpo, a través del ayuno, no le traería la felicidad. Al mismo tiempo, descubrió que haber sido indulgente con su cuerpo, a través de los placeres y los excesos, tampoco le había proporcionado la felicidad deseada. Había probado ambos extremos y concluyó que una disciplina sana y útil era el camino a seguir. Ni la mayor abundancia ni la carencia absoluta aseguran la paz y la autorrealización. Había descubierto el sendero medio, uno de los principios de su enseñanza posterior.

Después de un largo periodo de meditación bajo el árbol Bodhi, Gautama pudo abandonar sus pensamientos y deseos. A la sombra del árbol alcanzó la iluminación. Gautama se convirtió en el Buda y divulgó su mensaje durante 45 años. Murió a los ochenta bajo la luna llena de mayo, dejando una enseñanza que perdura hasta nuestros días.

Esta parte de la historia de Buda relata uno de los grandes descubrimientos que, a través de su experiencia personal y una gran búsqueda, realizó el joven Gautama. Se trata del desapego: no aferrarse a las cosas, a la gente, a las condiciones de la vida cómoda, al estatus. Gautama, antes de iluminarse, descubrió que el deseo, entendido como la tendencia a aferrarse, es la causa del sufrimiento humano.

Sufrimos porque no aceptamos que la vida está en constante cambio y que nos enfrentamos a pérdidas frecuentes. Tarde o temprano, todos perdemos juventud, salud, riquezas, la vida. Quien se aferra a la juventud y a una apariencia que nunca más tendrá, sufre con la aparición de sus arrugas y del cabello gris. Quien no acepta que, con el paso de los años, será menos fuerte y tendrá algunas limitaciones como resultado del deterioro en su salud, sufre más que quien acepta esta realidad con estoicismo. El que no puede ajustarse a un presupuesto menor, a causa de un cambio en sus condiciones laborales y económicas, sufre pues quisiera que su situación fuera boyante. No aceptar la muerte como parte de la vida y como un hecho inevitable trae gran sufrimiento. Así pues, el apego es la causa principal del sufrimiento humano.

Otro de los grandes descubrimientos del joven Gautama fue el del sendero medio. A través de su propia experiencia religiosa y ascética, concluyó que la penitencia del cuerpo, a través del ayuno, no le traería la felicidad; que ser indulgente con su cuerpo, a través de los placeres y los excesos, tampoco. Así, el sendero medio, aplicado a lo material, consiste en no vivir en la austeridad total, pero tampoco en la abundancia y el exceso. En la sociedad actual estamos convencidos de que más es mejor y nos aferramos a nuestras posesiones como si de ellas dependiera nuestra vida. Cuánta falta nos hace a muchos aprender a soltar, sobre todo cuando se trata de lo material.

Aprender a soltar requiere comprender que casi todo es reemplazable y temporal. Cuando comprendemos esto, es más fácil eliminar el temor a perder lo material. Hace falta destruir el vínculo afectivo que creamos entre nosotros y las cosas. Acumular en exceso "por si acaso" te impide vivir en el presente, sumergirte con confianza en el río de la vida. Hacer las cosas "por si acaso" te remite al futuro, que es incierto e incontrolable por completo.

Ahora ya sabes que una clave para vivir una vida más sencilla, aquí y ahora, consiste en desarrollar la capacidad para estar satisfecho con poco. Al igual que otras personas han hecho, y como lo hizo el joven Gautama, aprender a soltar podría liberarte. Antes de pasar al siguiente capítulo, que trata sobre nuestro bien más preciado, el tiempo, hay aquí unos desafíos para ti.

• •

¿Aceptas estos desafíos para simplificar tu vida?

1. Elimina cualquier cosa en tu casa u oficina que no contribuya de alguna forma a tu vida.
2. Crea un ambiente armónico a tu alrededor. Mantén cada cosa en su lugar.

3. Deshazte del mobiliario excesivo en tu hogar u oficina. Esto te dará más movilidad, una sensación de mayor amplitud y crearás una atmósfera de serenidad.

4. No te llenes de compromisos. Selecciona y limita los proyectos en los que te involucres.

5. Cada noche haz una revisión de las situaciones y emociones que viviste a lo largo del día. Agradece que estuvieron en tu vida, aunque hayan sido desagradables, pues algo podrás aprender de ellas. Después, déjalas ir.

Tus propios desafíos
Escribe cuáles retos te propones a partir de lo leído en este capítulo:

1. _____

2. _____

3. _____

. . . .

"Es deseable que un hombre [...] viva, en todos los aspectos, de manera tan sencilla que, si un enemigo toma la ciudad, pueda, como lo hace el filósofo, salir por la puerta con las manos vacías, sin ansiedad."

HENRY DAVID THOREAU

Tu bien más preciado: el tiempo

"Lo único que realmente nos pertenece es el tiempo: incluso aquel
que no tiene otra cosa, cuenta con eso."

BALTASAR GRACIÁN

Tienes tiempo en abundancia. Tu pertenencia más valiosa
no es lo material, eso que más atesoras, sino el tiempo mismo. Para algunos, el tiempo es dinero y, para otros, es su enemigo. Es momento de reflexionar sobre lo que el tiempo significa para ti. La prisa, ese mal de nuestra era, que tanto daño
hace en todos los niveles de nuestra existencia, pasa a revisión
para descubrir que más rápido no siempre es mejor. ¿Cuál es el
ritmo adecuado para ti? Continúa leyendo y descúbrelo.

Hay tiempo en abundancia

"El día no tiene suficientes horas para hacer todos mis pendientes."
"Lo haría, pero no tengo tiempo." "Ojalá tuviera tiempo para estudiar
fotografía." Este es el tipo de afirmaciones que a menudo escuchamos
en conversaciones por doquier. Son frases que decimos a la ligera,
pero que en realidad tienen gran importancia porque evidencian la
relación que tenemos con el tiempo y nuestra actitud hacia él.

Además, estas quejas tan comunes sobre la falta de tiempo muestran que nos percibimos como si fuéramos las víctimas del reloj, sin ningún control sobre el tiempo. Es así como muchas veces nos vamos a la cama insatisfechos con lo que hicimos durante el día y ansiosos por lo que no alcanzamos a hacer y que tendremos que enfrentar al día siguiente. Es así como posponemos nuestros sueños y aspiraciones, por falta de horas. Es así como terminamos por sentirnos resentidos y abrumados.

No sé si has notado que hay personas a quienes el tiempo pareciera rendirles mucho más para llevar a cabo sus proyectos personales y aficiones. ¿Cómo hacen estas personas para "tener más tiempo"? Tienen un sentido natural del tiempo, lo ven como un amigo, no como un enemigo a vencer. Al pensar que tienen horas en abundancia, tienen suficiente. Después de todo, de nada sirve pensar que no se tiene tiempo suficiente, excepto para provocarse prisa y tensión.

Esta actitud que tenemos hacia el tiempo marca la diferencia: si estamos convencidos de que carecemos de él, así es como nos sentiremos. Entonces, el pensamiento de abundancia puede llevarnos, cuando menos, a estar más relajados y a hacer nuestras tareas con mayor atención.

> "El desperdicio es la fuente de la escasez."
> THOMAS LOVE PEACOCK

Si queremos tener una mejor relación con el tiempo, lo primero que hay que hacer es deshacernos de la idea de insuficiencia. Sé muy bien que en nuestra sociedad tenemos que producir más en un plazo menor y con menos dinero, y esta es una de las razones por las cuales nos sentimos cortos de tiempo. No es que haya escasez de minutos ni que algunos tengan más. **El tiempo está disponible para todos en la misma cantidad:** tienes el mismo número de horas al día que las que tuvo la Madre Teresa de Calcuta, Einstein, Picasso. Más bien tenemos cada vez más, pues la expectativa de vida se ha extendido en los últimos años gracias a los avances de la ciencia.

Además de convencernos de la abundancia del tiempo, una medida aún más activa consiste en crear más tiempo para hacer eso

que tanto anhelamos. Conforme simplificamos nuestra vida, mediante la
eliminación del exceso de pertenencias y compromisos, la sensación que
tenemos del paso del tiempo cambia
y en realidad tenemos más. Sin tantas
cosas que limpiar y una mejor organi-

> "Nunca encontrarás tiempo para nada. Debes crearlo."
>
> CHARLES BUXTON

zación en la casa, te queda más tiempo para aprovecharlo con amigos; sin tantos compromisos sociales por atender, creas más tiempo
para pasar a solas esos momentos que tanto anhelas; sin tantas actividades triviales que drenan tu energía, como ver televisión, tienes
la oportunidad de aprender algo nuevo y enriquecedor.

Esto es justo lo que sucedió con Carla, la protagonista de esta historia de la vida real: redujo las actividades y los compromisos sociales
que ejercían presión en su vida. Carla descubrió el gran valor de la
tranquilidad mental y emocional al elegir el camino de la sencillez.

Un camino a la serenidad
Carla

Tenía una vida muy agitada, siempre llena de pendientes, de reuniones, de proyectos y de negocios por concretar. Desde muy temprano
por la mañana hasta bien entrada
la noche, estaba ocupada. Siempre
hacía algo. Desde muy joven me había acostumbrado a esa rutina. Mi
madre me lo decía: "un día sin algo
que hacer es un día perdido". Lo creí
a ciegas.

Como si los días fueran un reto
contra el reloj, me acostumbré a
programar citas y eventos a lo largo
de toda la jornada, para "hacer que
rindiera". Deportes por la mañana,

las clases al mediodía, estudio a media tarde y luego más clases, cursos, talleres, reuniones, citas... algo que me permitiera sentirme ocupada. Útil.

Y hubiera seguido así de no ser por una tragedia familiar que me hizo reflexionar: una tarde mi padre sufrió un terrible accidente que requirió de los esfuerzos de toda la familia para cuidarlo y acompañarlo en su proceso de recuperación.

De un día para otro, todas las citas, reuniones y actividades agendadas pasaron a segundo plano ante la prioridad: cuidar a mi padre. Ayudar a mamá en el trance y lograr, todos juntos, que nuestro ser amado volviera a casa sano y salvo era el único objetivo.

Los primeros días me fue muy difícil hacer los cambios. Con cada cancelación de citas, yo sentía como si me fallara a mí misma. Como si perdiera una oportunidad. ¿Qué iba a pasar con mi vida sin hacer otra cosa que acompañar a mi padre enfermo en la habitación del hospital? Ni siquiera podía hacer algo por él. Solo estar ahí.

Entonces, mientras lo contemplaba convalecer, me surgieron las preguntas: ¿Por qué tengo que andar corriendo siempre? ¿Por qué ese afán por hacer algo a cada momento? ¿Es verdad que un día sin hacer "algo" es un día perdido? ¿Contemplar un atardecer, leer un buen libro a la sombra de un árbol, disfrutar de una buena película en casa o simplemente observar desde el balcón cómo pasa la gente, es perder el día?

Con el paso de las semanas me di cuenta de que acompañar a mi padre, mientras médicos y enfermeras hacían su trabajo, era una actividad muy productiva. Útil. El solo hecho de estar sentada a su lado, de tomarlo de la mano, era suficiente para transmitirle calor, cercanía y consuelo. Energía de vida.

Cuando los médicos nos recomendaron comenzar a hablarle y leer para él me percaté de que una tarde ocupada solo en leer un buen libro era tan productiva como diez citas de negocios.

Comencé a conectarme con la nueva dinámica. Cuando la salud de mi padre mejoró, varios meses después, yo me había acostumbrado a la nueva rutina: desayunar con mucha tranquilidad, disfrutando cada bocado, mientras las enfermeras hacían las curaciones necesarias. Luego, leer para él, con voz suave y delicada, hasta el mediodía. A veces, ponerle su música favorita o la película que lo hacía reír. Contemplar su rostro y recordar las historias que pasamos juntos a lo largo de tantos años.

El día que por fin mi padre despertó del coma, yo casi había olvidado lo que era correr todo el día contra el tiempo.

A la mañana siguiente, ya en casa, quise regalarme cuatro horas más de pijama, un café que saboreé con toda calma y un desayuno que se prolongó por horas.

Luego salí a caminar. Sin planes ni proyectos de por medio, me dirigí hacia un parque cercano a mi casa. Ahí, a la sombra de un encino, me senté en una banca y contemplé la tarde. Sin prisa. Sin urgencia. La vida ya me había regalado otra oportunidad.

Es curioso ver que bajar el ritmo acelerado en que vivimos trae consigo el equilibrio que tanto deseamos. Carla aprendió a dejar la actividad frenética, a abandonar su urgencia por hacer que el día rindiera. Sin embargo, no renunció a sus sueños, solo que ahora los persigue de una manera más relajada, lo cual le permite disfrutar más del proceso y no solo de la meta. Carla también desarrolló un gusto por las actividades simples y aprendió a estar más presente en el aquí y ahora. Su historia es un ejemplo de cómo es posible encontrar bienestar sin recurrir a sofisticaciones o actividades complejas y costosas: acompañar a un enfermo, leer en una banca del parque, tomarse el tiempo para beber un café mientras se lee el periódico. Algunos piensan que no tienen control sobre su tiempo, pero más bien parece ser cuestión de cómo se le utiliza y de hacer aquello que brinda mayor satisfacción. Algunos necesitan vivir una situación emocionalmente perturbadora, como le sucedió a Carla con la salud de su papá, para hacer un cambio en su estilo de vida. Yo creo que no es necesario esperar a que algo grave ocurra para adoptar actitudes y conductas que pueden llevarnos a un mayor bienestar. O, como dice la sabiduría popular, no hay que esperar a que el niño se ahogue para tapar el pozo.

El tiempo: tu pertenencia más valiosa

Es falso que seamos impotentes ante nuestro tiempo. Si hay algo de lo que somos dueños, siguiendo la frase del escritor español Baltasar Gracián al inicio de este capítulo, es de nuestro tiempo. Tenemos la posibilidad de escoger cómo distribuirlo y en qué enfocar nuestra atención. Nosotros decidimos a qué conceder más tiempo: a lo que drena nuestra energía o a lo que nos mueve e inspira.

Algo más sobre lo que tienes control es la organización de tus actividades. Administrarlas de manera adecuada te ayuda a encontrar el espacio para lo que en verdad valoras y que, sin duda, muchas veces haces a un lado. Para hacer una buena planificación de las actividades del día, evita proponerte demasiado y cumplir poco: sé realista acerca de cuánto puedes hacer para que lo realices como a ti te gusta, a tu propio ritmo. Una buena medida es elegir tres prioridades y enfocar toda tu energía en ellas. Puede ayudarte la estrategia de dividir cada tarea en otras más pequeñas. De esta manera tendrás un sentido de logro constante.

El cerebro puede manejar solo una cosa a la vez. Cuando manejamos dos o más de manera simultánea, en realidad lo que hacemos es alternar la atención, a veces muy rápido. Este proceso es muy desgastante a nivel psicológico. Basta con ver cómo terminan una jornada de trabajo de traducción simultánea los profesionales de la interpretación, aun si la conferencia tiene una corta duración.

> "La falta de dirección, no de tiempo, es el problema. Todos tenemos días de veinticuatro horas."
>
> ZIG ZIGLAR

Es por esto que los intérpretes de conferencias suelen trabajar con un compañero para alternarse. En tu caso, si trabajas con clientes, atiende a uno a la vez; así podrás ofrecer un mejor servicio y estarás disponible por completo para tu usuario o comprador. Si eres ama de casa, concentra toda tu atención en cada actividad que realices, una a la vez. Puedes llevarte la sorpresa de que las haces mejor. En esta nueva forma de ver las cosas **se trata de hacer menos, pero hacerlo mejor.**

Distingue las actividades mecánicas, las que no necesitan demasiado esfuerzo mental, de las creativas. Destina tiempo y atención a cada una a lo largo del día. Esto puede ayudarte a enfocarte y a hacer el trabajo con menor esfuerzo. Haz las actividades mecánicas más rápido, delégalas o simplifica

> "Solo le falta el tiempo a quien no sabe aprovecharlo."
> GASPAR MELCHOR DE JOVELLANOS

su realización. Así tendrás más energía mental para hacer lo que requiere mayor inventiva. Invierte un tiempo en actividades obligatorias, como el trabajo, los quehaceres de la casa y el estudio, y procúrate momentos de desconexión para recargar baterías físicas y mentales. Durante esos minutos puedes leer, dormir la siesta, sentarte, escuchar música, conversar, caminar.

¿En qué inviertes tu tiempo y energía?

Son tres los tipos de actividades a los que dedicamos nuestro tiempo: actividades productivas que nos llevan a ganar dinero para sobrevivir y vivir con comodidad; actividades de mantenimiento del cuerpo, el espacio que habitamos y nuestras posesiones; y actividades de ocio. La mayoría de las personas invierte su tiempo en ganar dinero. La conservación de nuestras pertenencias –comer, descansar, arreglarse, hacer las tareas domésticas, lavar el auto o llevarlo al taller– ocupa un poco menos de un tercio en cantidad de tiempo que les dedicamos. A todo lo relacionado con el tiempo libre también reservamos casi un tercio de nuestro tiempo total.

Pero también es importante averiguar qué hacemos con el tiempo de ocio con que contamos. Pregúntate en qué lo inviertes: ¿en actividades de ocio pasivas o activas? ¿Eres adicto a tu *Smartphone*, al *Facebook*, *Twitter* o a Internet? La tecnología es de gran utilidad, pero mantenerte "conectado" puede ser perjudicial cuando lo haces en exceso.

> "La velocidad es la forma de éxtasis que la revolución técnica ha brindado al hombre."
>
> MILAN KUNDERA

Las actividades de ocio pasivas, como mirar televisión por largo tiempo, sobre todo programas que no aportan nada a tu vida, te dejan sin energía para hacer algo productivo o estimulante. En sí, parece que esta actividad más bien conduce a la apatía y no proporciona la gratificación que se obtiene mediante las actividades de ocio activas, como la conversación, las aficiones, tocar un instrumento musical, practicar algún deporte, salir al cine o a pasear.

Solo para constatar lo anterior, recuerda la energía que obtienes al leer un artículo o libro interesante. Algunos investigadores han descubierto que las personas que ven televisión como única forma de pasar su tiempo de ocio tienen peores empleos y relaciones más conflictivas. Quizás esto se debe a la apatía que surge de tal actividad y a los modelos de relaciones que nos presentan en muchos de los programas de televisión y *reality shows*. Algunos han llegado a decir que obtenemos nuestra educación emocional de la televisión. En contraste, también se ha encontrado que las personas que leen tienen una mayor tendencia a disfrutar de la vida y a considerar al mundo como un lugar más placentero donde vivir. Los lectores parecen desarrollar mayor confianza en sí mismos, derivada del conocimiento que adquieren, de la creatividad e imaginación que desarrollan. Es probable que esto explique por qué tienden a tener mejores empleos.

Prestar atención a lo que haces durante tu tiempo libre puede contribuir a tu bienestar y felicidad. **Lo que haces con tu tiempo libre es lo que determina tu calidad de vida.**

Para utilizar tu tiempo de manera eficiente, también es necesario que pongas límites a los demás y a ti mismo. Aprender a decir "no" a invitaciones y propuestas es de vital importancia para poner límites. Cuando tu vida está libre de excesos materiales y de compromisos sociales, también se aligera el paso del tiempo, se vuelve más disfrutable y tú tienes la posibilidad de estar más presente en cada momento de tu existencia. Cuando estás presente en todo lo que haces, te encuentras absorto en cada acción, le sacas el mejor provecho y la haces con pasión.

Pon un tope a tu actividad. Cada día haz solo "lo que quepa en una canasta". Como dice una amiga, hay muchos asuntos que pueden esperar hasta el día de mañana para resolverse. Y no te sugiero que te conviertas en un postergador patológico; solo quiero resaltar la importancia de aprender a dar a cada cosa su lugar y su tiempo y de simplificar tu vida de esta manera. Hazte consciente de que no todas las cosas están bajo tu control. Si tratas de imponer tu control sobre todo, terminarás por sufrir mucho. Una buena actitud es la que expresa una frase que utilizan con frecuencia los españoles en su lenguaje diario: "Tranquilo, no pasa nada". Por fortuna, la decisión sobre cómo aprovechar tu tiempo sí es algo que depende de ti.

¿El tiempo es dinero?

En este proceso de crearte una vida más sencilla, a veces hay que sacrificar algunas cosas en aras de obtener otras que nos dan mayor placer. Muchas personas han decidido, o se han visto forzadas, a tener jornadas laborales más cortas, solo para encontrar que, aunque tengan una menor remuneración, el cambio ha favorecido su calidad de vida. Estas personas han descubierto que el tiempo tiene un valor mucho más grande que el dinero.

Un ejemplo es el caso Rodrigo, médico dedicado a la atención privada de pacientes con trastornos de la alimentación y a ofrecer sus servicios en un centro comunitario. A pesar de poder dedicar todo su tiempo a estas dos actividad, Rodrigo decidió reducir sus horas de trabajo y atender a su consulta privada en medio tiempo, con la finalidad de tomar cursos de superación personal y perseguir su sueño de crear un invernadero.

La idea tan extendida de que el tiempo es dinero nos ha provocado muchos problemas y nos ha llevado a complicarnos la existencia. Tratamos de hacer

> "Gasta tu dinero y solo estarás sin dinero, pero gasta tu tiempo y habrás perdido parte de tu vida."
>
> MICHAEL LEBOEUF

más con menos; entramos en una vorágine de actividad que nos lleva a "quemarnos".

Al respecto, Jim Rohn, el conocido orador motivacional, dice: "El tiempo vale más que el dinero. Siempre se puede conseguir más dinero, pero no se puede conseguir más tiempo". Los minutos tienen un valor mayor. Hay que tener esto muy claro, sobre todo al momento de decidir cómo utilizarlos. En la vida sencilla se valora más la calidad que la cantidad. Respecto del tiempo, esto también aplica. En lugar de hacer tanto como puedas en un plazo menor, podrías inclinarte por hacer menos y hacerlo con tanta fuerza, entrega y pasión que obtengas algo mucho más gratificante que la retribución económica: la sensación de satisfacción que el dinero no compra.

El tiempo no es tu enemigo

Mejorar tu relación y cambiar tu actitud hacia el tiempo es determinante para una vida más placentera y alejada de las complicaciones. Puedes comenzar ya, porque también es cierto que el tiempo no espera. Deja de verte como víctima del tiempo que te devora. Hazlo tu amigo, haz que colabore contigo, empléalo con creatividad para que no te quejes de su fugacidad.

He aquí algunas sugerencias para cambiar tu percepción y utilización del tiempo.

— Establece y mantén tus límites. Evita llevar trabajo a casa o trabajar tiempo adicional. Determina qué horas del día son "libres de trabajo". Comienza por respetar tus descansos y horario de comida.

___ Pon atención a qué haces con tu tiempo, pues la manera como lo utilizas revela lo que es importante para ti. Haz una gráfica de pay para que te des cuenta visualmente de los porcentajes de tiempo que dedicas a cada aspecto de tu vida.

___ Si tiendes a mirar el reloj con frecuencia a lo largo del día, evita hacerlo. De esta manera, apoyado por tu planeación de actividades, aprenderás a dejarte fluir, a estar absorto en cada actividad.

___ Elimina algunos de tus compromisos sociales. Pregúntate si en verdad quieres asistir a esa reunión o si prefieres pasar unos momentos de tranquilidad sentado en un parque o escuchar música acurrucado en tu sofá.

___ Ejercítate en "hacer nada". Por ejemplo, aprovecha para descansar tu mente y cuerpo mientras esperas a ser atendido en un banco.

A propósito de invertir tu tiempo en lo que en verdad es importante, aquí comparto contigo una anécdota anónima. Me parece que la historia ilustra con claridad lo que por lo general hacemos con nuestro tiempo y lo que podríamos hacer para aprovecharlo mejor.

Luego de una mañana ajetreada, en la que ni siquiera pudo tomar el desayuno, un profesor de química llegó a la clase en donde enseñaría a sus alumnos el principio de Arquímedes, respecto a la diferencia del peso de los cuerpos en el agua. Apenas entró al aula puso manos a la obra: llenó un recipiente de cristal con agua y planeaba poner sobre la superficie unas pelotas de esponja y entonces explicar el fenómeno cuando éstas flotaran en el borde.

Sin embargo, luego de ver el recipiente lleno se le quedó mirando unos segundos. Los alumnos guardaron silencio, desconcertados, y al notar tal reacción el profesor se recompuso y de inmediato vació el recipiente, lo cual desconcertó aún más a los estudiantes. Y todavía el asombro fue mayor cuando en lugar de agua llenó el recipiente con las pelotas de esponja. De inmediato, preguntó:

—¿Este frasco está lleno?

La mayoría optó por el sí. A continuación, el profesor sacó de su portafolio una bolsita con canicas y también la vació en el recipiente. Las pequeñas esferas tomaron poco a poco los espacios vacíos. El profesor lanzó la misma pregunta y recibió la misma respuesta, ahora con más voces a favor del sí, con algunos titubeantes porque no sabían de qué se trataba el asunto. Finalmente, el profesor llenó con agua el recipiente: cada intersticio quedó cubierto. Los alumnos estaban atónitos. De nuevo preguntó si el frasco estaba lleno y ahora sí obtuvo un sí unánime. A continuación, remató:

—La química es una ciencia que habla de la vida y esta es quizá le mejor lección de química que les podré dar. Este recipiente representa la vida. Las pelotas de esponja son las cosas importantes, como la familia, los hijos, los amigos, la salud y lo que nos apasiona. Aun si perdiéramos todo lo demás y sólo estas cosas quedaran, nuestras vidas estarían llenas.

"Las canicas son las otras cosas que también importan, pero que no son esenciales como las primeras: el trabajo, la casa, el auto, la ropa las cosas materiales. El agua representa aquí todo lo demás, las cosas no esenciales, aunque llamen nuestra atención de muchas maneras. Si hubiéramos puesto primero el agua en el recipiente, no habrían cabido las pelotas ni las canicas. Lo mismo ocurre con la vida: si gastamos demasiado tiempo en cosas secundarias, no quedará suficiente espacio para las esenciales, nunca tendremos lugar para las cosas realmente trascendentales.

"Así que cuiden su salud, pasen tiempo con la familia, no olviden el desayuno pongan atención primero a todas las cosas esenciales. No ahoguen su vida llenándola con los asuntos poco importantes. No se ahoguen". Concluyó el profesor.

Al final de su explicación, ante el asombro de sus pupilos, lanzó de nuevo la pregunta:

—¿Y este recipiente sigue lleno?

Los alumnos ya no supieron que contestar, pero estaban a la expectativa, con el rostro iluminado de sorpresa. El profesor fue por un tubo de ensayo que estaba lleno de un elemento químico que nadie identificó y lo vació sobre el recipiente. Al contacto con el agua, la sustancia se convirtió en una espuma efervescente que provocó la algarabía de todos.

—¿Y eso que metió al final, qué quiere decir? —se atrevió a preguntar un alumno.

El profesor explicó:

—Que no importa qué tan ahogada y llena esté su vida, siempre habrá espacio para hacer magia.

La historia resalta la prioridad que debemos dar a lo que en verdad es importante para nosotros. Priorizar consiste en hacer suficiente espacio para lo esencial, para después dar cabida a lo material y a lo no esencial. Priorizar involucra atender aquello que llena nuestra vida: el tiempo que pasamos con quienes amamos, el tiempo que dedicamos a nuestras pasiones y el que dedicamos a nuestro bienestar físico y emocional.

El estilo de vida en modo "rápido"

Tenemos una adicción a la velocidad. No debe extrañarnos que en la actualidad una de las drogas más populares sea la llamada *speed* (velocidad o acelere), una anfetamina utilizada para pasar largas noches sin dormir. Los efectos: euforia, exceso de energía que raya en la manía y, para algunos, ataques de ansiedad o paranoia. Corremos contra el reloj. Los encuentros con amigos son fugaces, los diálogos son cortos y los mensajes por *Twitter* están limitados a cierto número de caracteres. "Estamos tan de prisa siempre", dice Robert Pirsig, el autor de *Zen y el arte del mantenimiento de la motocicleta*,[1] "que nunca tenemos oportunidad de hablar. El resultado es la superficialidad, una monotonía que deja a la persona preguntándose años después por lo que pasó, cuando todo se ha ido".

Vivimos en una sociedad 24/7 que, como en las transacciones monetarias, está acostumbrada a pedir, entregar y cobrar rápido. El consumismo nos lleva a la aceleración. En las tiendas departamentales vemos árboles de Navidad en los últimos días de septiembre.

¿Cuáles son las consecuencias de este estilo de vida en "modo rápido"? Entre otras, la agresividad y la violencia, resultado del ajetreo, la impaciencia y la intolerancia. Carl Honoré, en su libro *El Elogio de la lentitud*,[2] nos advierte que el hábito de la velocidad alimenta una necesidad constante de mayor rapidez. **Esta "modalidad rápida" nos obliga a competir y, por tanto, a ser más agresivos**. En nuestro interior estamos acelerados debido a la producción constante de adrenalina que provoca problemas cardiacos y los relacionados con el estrés.

Como dice Larry Dosey en *Espacio, tiempo y medicina*,[3] tenemos la "enfermedad del tiempo", según la cual nos obsesionamos con la creencia de que el tiempo se aleja, de que no tenemos suficiente, razón por la que hay que ir más rápido para mantener su ritmo.

> "La naturaleza obra siempre con lentitud y, por así decirlo, con economía."
>
> BARÓN DE MONTESQUIEU

Algunos ejemplos de cómo algunos, de manera absurda, tratan de ganarle al tiempo son los siguientes: la gente en

---

[1] Pirsig, Robert, *Zen y el arte del mantenimiento de la motocicleta*, España, Sexto piso, 2010.

[2] Honoré, Carl, *El elogio de la lentitud*, España, RBA Libros, 2008.

[3] Dossey, Larry, *Tiempo, espacio y medicina*, España, Kairós, 1993.

la cabina de un avión se levanta antes de que la nave se detenga, a pesar de poner en riesgo su seguridad; los asistentes a un concierto o espectáculo corren a la salida antes de que termine, solo para ganarle al tráfico; una chica en un centro comercial no puede detenerse a comer, por lo que pide la comida para llevar y la devora mientras camina de manera apresurada por el lugar, al tiempo que mira los escaparates de las tiendas. Nunca he entendido estas actitudes, sobre todo porque parece que lo importante es hacer la siguiente actividad, o hacer varias a la vez, en lugar de disfrutar o asimilar la experiencia del momento. Cuando actuamos en modo rápido asumimos que lo importante es hacer, producir, terminar, y hacerlo a toda velocidad.

Rápido no siempre es mejor

En esta era de la impaciencia y la velocidad, los seguidores del movimiento *slow* (lento), los que apoyan el estilo de vida sencillo, se mueven a un ritmo diferente, más despacio, pues piensan que ir rápido no siempre es mejor. Por ejemplo, pensemos en la fábula de la tortuga y la liebre, atribuida a Esopo, en la que una liebre desafía a una tortuga a correr una carrera. La tortuga acepta, siempre y cuando la liebre le dé cierta ventaja. Una vez iniciada la carrera, la liebre ve que lleva ventaja, por lo que decide tirarse a descansar y se queda dormida. Así pasó el tiempo y, cuando la liebre despierta, se da cuenta de que la tortuga está por

> "El que camina a grandes zancadas no irá muy lejos."
>
> LAO TSÉ

cruzar la meta y ganar la carrera. Pero ya es demasiado tarde para alcanzarla, así que la tortuga gana la competencia. La tortuga, a paso lento pero seguro, consigue ganarle a la liebre, un animal mucho más rápido. La moraleja de esta fábula es que los lentos y constantes también tienen posibilidad de ganar y que despacio se puede llegar lejos. En muchas culturas, la tortuga es símbolo de sabiduría. Si la tortuga es lenta, debe haber algo de sabiduría en la lentitud.

En muchos aspectos, el ritmo pausado nos ahorra complicaciones. Cuando desaceleramos somos más productivos, nos equivocamos menos y nos concentramos más. Los accidentes, los golpes y las caídas, en muchas ocasiones, son producto de la prisa. También se ha comprobado que, cuando las personas están enojadas, tienden a manejar más rápido y, como consecuencia, ocasionan más accidentes.

Al hacer las cosas deprisa, las abordamos de manera superficial, pues no tomamos el tiempo necesario para ahondar en la tarea. En el trabajo o los estudios, para crear o encontrar soluciones a los problemas, a veces hay que cambiar a un ritmo más pausado. Hay casos muy conocidos de cómo las ideas surgen en momentos de contemplación. Fue en un espacio de reflexión que Newton desarrolló la teoría de la gravedad, sentado en actitud meditabunda bajo la sombra de un manzano de su jardín. Las mejores ideas no siempre surgen en medio del ajetreo, la presión de las fechas de entrega y la urgencia por el trabajo. A veces surgen cuando descansamos o paseamos al perro.

> "Quien vive de prisa, no vive de veras."
>
> JOSÉ SANTOS CHOCANO

Bajar el acelerador te permite tener un mayor contacto con las personas que te rodean: familiares, amigos, compañeros de trabajo. Cuando estamos acelerados, nos enfocamos solo en lo que nos interesa e ignoramos las necesidades de otros, pues nos parecen irrelevantes. Cuando tenemos una mayor conexión con los demás, estamos más dispuestos a ayudar y desarrollamos un mayor sentido de comunidad. En el modo rápido te pierdes de lo que te rodea: no puedes apreciar una luna llena ni el cambio de color en las hojas de los árboles. En otras palabras, te pierdes del momento presente.

¿Cuál es la prisa?

Cuando bajas la velocidad, vives con menos estrés y disfrutas más. Entonces eres capaz de perderte en el libro que estás leyendo, en lugar de hacer una lectura rápida y superficial; te permites seguir cada nota de la pieza musical que escuchas, porque te tomas el tiempo solo para escuchar, en lugar de oír la música en segundo plano debido a que estás ocupado con otra cosa; disfrutas de cada bocado al comer en lugar de ingerir el alimento como si se tratara de combustible que cargas en la estación de servicio; saboreas cada hora y cada minuto en lugar de llevar la cuenta de ellos; haces las cosas bien en lugar de hacerlas rápido. **Vivir así, más presente en cada momento, forma parte del estilo de vida sencillo.**

> "La rapidez, que es una virtud, engendra un vicio, que es la prisa."
>
> GREGORIO MARAÑÓN

Dice Carl Honoré que hay cosas que requieren hacerse despacio y que, cuando se precipitan, pagamos un precio. Por ejemplo, cuando haces deporte con demasiado esfuerzo y celeridad, es mucho más probable que te lastimes. Si quieres enriquecerte en un tiempo récord, tienes que pagar el precio: trabajo excesivo, descuido de tus relaciones, estrés desmedido, síndrome de desgaste laboral, una vida centrada solo en el trabajo, escasez de tiempo para tus aficiones.

Muchas actividades, como viajar por placer o visitar un museo, no se disfrutan si las haces deprisa. Son actividades que requieren que nos tomemos nuestro tiempo. Detesto los viajes "tipo correcaminos" en los que terminas apaleado porque recorres muchos lugares en poco tiempo.

Encuentra la velocidad adecuada

Pensarás que no es posible hacer todo con la lentitud de un caracol. Y es cierto. No se trata de hacer las cosas extremadamente lentas, sino de hacer buen uso de la lentitud, de moverse a la velocidad adecuada, sin apresurarse. La clave está en cambiar de ritmo, como lo haces al manejar un automóvil o al pasear en bicicleta: ahora aceleras y después desaceleras. Cuando paseas, caminas lento, pero cuando caminas para ejercitarte, lo haces rápido. El río no siempre fluye con la misma velocidad.

Está bien que algunas cosas sean rápidas. Nos beneficiamos de la rapidez de los trenes y aviones, así como de la velocidad de Internet.

> "El trabajo sin prisa es el mayor descanso para el organismo."
>
> GREGORIO MARAÑÓN

Es más, puedes hacer muchas cosas rápido pero sin estrés. La tensión y la presión son dos elementos que uno mismo le agrega a la actividad. Si quieres convertirte en seguidor del movimiento *slow* y de la vida sencilla, debes evitar actuar en automático y no dejarte llevar por el ritmo acelerado del ambiente. Si todos van deprisa, ¿tú también tienes que hacerlo? ¿Es posible vivir lento? Sí, lo es, pero es necesario que te responsabilices de tu propia vida, que tomes el control y hagas los cambios necesarios. Hacer una lista de los pequeños cambios que podrías implementar en tu rutina diaria para vivir con más calma puede ser de gran ayuda. Se trata de encontrar un modo de vivir alternativo, más simple y placentero. No necesariamente tienes que ser un esclavo del tiempo.

Un bello y útil mensaje te espera en esta historia. Inhala y exhala lento y profundo. Escucha lo que te rodea. Hazte consciente de tu respiración. Contacta con tu cuerpo y con lo que roza tu piel. Presta atención a los latidos de tu corazón. Así te conectarás con los personajes de la historia y aprovecharás el mensaje que hay en ella para ti. Este ejercicio previo pretende que encuentres una mayor inspiración en el relato. Acércate a la historia con actitud abierta para encontrar un mensaje importante y útil.

Para reflexionar sobre la vida simple
La fuente mágica

Hace muchos siglos, en un país lejano, vivía un rey con su hija. Sus dominios se extendían tan lejos como la vista podía abarcar. Al ser hija única, estaba acostumbrada a recibir todo lo que quisiera. Sus habitaciones estaban llenas de las más finas sedas y de los perfumes más exquisitos. Cualquier capricho que tuviera le era concedido.

En los jardines del palacio había una hermosa fuente de la que se decía que tenía un poder especial, pero nadie en realidad sabía de qué se trataba. A la princesa le gustaba sentarse en la fuente y mojar sus manos, sobre todo por las noches, cuando podía ver el reflejo de la luna sobre el agua.

Un día, mientras jugaba con el agua de la fuente, se percató de que no podía capturarla en su mano, ya que se escurría entre sus dedos. Entonces surgió su deseo de apresarla, pues pensó que, si podía tener cualquier cosa, por qué no habría de retener el agua en su mano. Contenerla en un balde o en la misma fuente no era suficiente: ella quería poseerla y llevarla consigo en todo momento, para así ver el reflejo de la luna que tanto le gustaba. Se sentía desilusionada porque, por más que trataba, no podía hacer realidad su deseo.

Así pasó el tiempo. Una noche, cuando contemplaba el reflejo de la luna sobre el agua de la fuente, notó cómo la forma de la luna cambiaba lentamente hasta convertirse en la imagen de una bella mujer. Era un hada de mirada sabia y serena, de cuyos labios salieron las siguientes palabras: "Hay cosas en la vida, como el agua, que es imposible atrapar en tus manos. Y entre más lo intentes, más desencanto sentirás, pues más escurridizas se harán. Hay cosas, como el agua, que existen solo para disfrutarlas, para vivirlas, para sentirlas".

Antes de que el hada desapareciera, la princesa agradeció la enseñanza y en ese momento supo por qué esa fuente era mágica. Al escuchar el mensaje que el hada tenía para ella, la princesa logró comprender cuán disparatado era su deseo: había querido retener algo que no puede ser retenido. Entendió entonces que, si bien el agua es valiosa y hay que atesorarla, no es posible apartarla de su propia naturaleza, como ella había querido hacer.

A partir de ese día se dedicó a vivir a plenitud en contacto con el agua, el sol, el viento, la luna. Decidió experimentar con todos sus sentidos cada momento de su vida, sin esforzarse por apresarlo. Y así, con el paso del tiempo, pudo compartir con muchas otras personas lo que esa noche descubrió en la fuente mágica: que hay muchas cosas que, por más que uno quiera, no se pueden sujetar.

En efecto, hay cosas en la vida, como el agua, imposibles de atrapar. Lo mismo sucede con el tiempo: se le puede valorar, utilizar y disfrutar, pero jamás apresar y mucho menos guardar. Y entre más lo intentemos, más desencanto habrá, pues más escurridizo se vuelve.

El tiempo pasa inevitablemente; el mundo sigue su ritmo, con o sin nosotros. El reloj no se detiene y al tiempo no le preocupa qué hacemos con él. La vida sigue, por lo general de manera acelerada, independientemente de si aprovechamos los segundos o no. Solo nosotros podemos decidir en qué invertir los minutos y las horas con que contamos. Cada uno elige hacia dónde dirigir sus esfuerzos en ese periodo que va desde el nacimiento hasta la muerte.

En *El sentido de la vida*,[4] el filósofo catalán Francesc Torralba dice algo con lo que coincido: experimentamos la angustia del paso del tiempo porque sabemos que nuestra estancia por este mundo tiene un final, porque tenemos la certeza de la muerte. Siempre tenemos presente que hay un límite para realizar nuestros ideales y ambiciones.

Si quieres combatir la angustia del paso del tiempo, tu opción es desarrollar una mayor conciencia del mismo. ¿Cómo? **Vive por completo en el presente**. Esto requiere desarrollar nuevas actitudes y habilidades: aprender a bajar la velocidad, enfocarte en una cosa a la vez y prestar atención a tus estados emocionales. Para estar en el momento presente tienes que volver a ponerte en contacto con tus

---

[4] Torralba, Francesc, *El sentido de la vida*, Barcelona, Editorial Ceac, 2011.

sentidos y alejarte del pensamiento. Cuando vuelves a tus sentidos, te anclas en el presente. Pruébalo ahora mismo: ve, escucha, siente, y nota cómo de inmediato te sientes más vivo y presente.

Hay una historia zen acerca de un monje quien, al huir de un hambriento tigre, decidió bajar por un peñasco. Cuando se encontraba a mitad del peñasco y colgaba de una rama sobre el fatal precipicio, vio que en la saliente que estaba justo debajo de él había otro tigre, tan feroz y hambriento como el primero. Si no lograba aguantar por mucho tiempo, caería en sus garras. Junto a la rama había un arbusto con una sola fresa silvestre. El monje la tomó, la acarició, la olió y la mordió...entonces pensó: "¡Qué deliciosa!".

Aun en una situación de vida o muerte como en la que se encontraba el monje, la mejor alternativa es seguir en contacto con los sentidos, mirar de frente lo que sucede. Cuando te alejas de lo que ves, oyes, hueles, sientes o saboreas, te pierdes del momento presente. Así, el monje en esta historia se mantiene en el aquí y ahora. El relato no dice qué sucedió con el monje. Es probable que haya muerto en las garras de uno de los tigres, que haya caído al precipicio o que se haya salvado. Lo que sí sabemos es que hasta el último momento se mantuvo en contacto con su entorno y con sus sensaciones a través de sus sentidos.

Cuando estamos conscientes del ahora, cuando lo experimentamos, nos mantenemos fluyendo. "Es cuando estamos completamente involucrados en cada detalle de nuestra vida, en lo positivo y lo negativo, que encontramos la felicidad; no cuando la buscamos directamente", afirma el psicólogo Mihaly Csikszentmihalyi,[5] quien se ha destacado por su trabajo acerca de los estados de flujo, la felicidad, la creatividad y el bienestar subjetivo. Cuando estás en el presente, te encuentras por completo enfocado en la tarea, pierdes la noción del tiempo, no quieres que la actividad termine, estás inmerso en la acción o en la contemplación. El tiempo fluye, las cosas solo suceden,

---

[5] Csikszentmihalyi, Mihaly, *Aprender a fluir*, Madrid, Kairós, 2012

sin afanarte porque así sea. Experimentas una relajación general del cuerpo y estás concentrado, pero sin hacer un esfuerzo. Todo esto va acompañado de un enorme gozo. El miedo al fracaso desaparece. Es algo parecido a lo que describen algunas tradiciones espirituales o contemplativas como el hinduismo, el budismo y el taoísmo: hacer sin hacer, acción sin acción, luchar sin luchar.

Todos tenemos la capacidad de vivir en el presente. Si deseas lograrlo, sensibilízate al entorno, desarrolla una mayor capacidad de concentración, abandona el control excesivo, desarrolla la flexibilidad y ábrete a la posibilidad de disfrutar de las cosas más sencillas.

Antes de pasar al siguiente capítulo, que trata sobre la dificultad de encontrar el equilibrio entre el trabajo y el resto de su vida, te planteo algunos retos para hacer del tiempo tu aliado para lograr una vida con menos complicaciones.

• •

¿Aceptas estos desafíos para simplificar tu vida?

1. Haz las cosas en el doble de tiempo que te tomarían. Actividades como escribir, lavar los trastes, limpiar la casa, comer, manejar, pueden hacerse deliberadamente con mayor lentitud. Dentro de tu programación, calcula un mayor tiempo para algunas de ellas; de esta manera no las harás con prisa. Algunas medidas pueden incluir simplemente levantarte diez o quince minutos antes de la hora habitual para tomar tu café con calma, meditar, escribir en tu diario o solo contemplar la luz del día.

2. Planifica y establece prioridades. Para tener una vida más lenta y más sencilla, es necesario que hagas buen uso de tu tiempo. Y recuerda que el tiempo se expande para quien sabe administrarlo bien.

3. Incluye en algún momento de tu día actividades "lentas": leer, cocinar, hacer jardinería, tejer, pintar. En estos afanes es más probable que tu mente esté calmada, que haya menos estímulos sensoriales y una mayor atención sostenida.

Estos tres elementos contribuyen a la sensación de conexión y de bienestar.

4. Detente cada vez que te des cuenta de que estás muy acelerado. Respira profundo unas cuantas veces para retomar el contacto con tu cuerpo. Regresa a tus sentidos: ve, escucha, huele, siente, palpa. Hazlo ahora mismo. Este es un gran ejercicio de conciencia y te devuelve al presente y a tu cuerpo. Te aleja del ritmo incesante de la mente. Si quieres, puedes programar una alarma para que te recuerde cada hora o cada dos horas que es necesario que te detengas.

5. En diferentes momentos del día toca tus labios con suavidad. Un buen número de fibras parasimpáticas, las encargadas de bajar tu ritmo biológico, se encuentran en los labios. Tocarte los labios te calma. Quizá por eso es tan agradable besar.

Tus propios desafíos
Escribe cuáles retos te propones a partir de lo leído en este capítulo:

1. _____

2. _____

3. _____

· ·

"Todos los días debiéramos preocuparnos por escuchar buena música, leer hermosos poemas, extasiarnos en lindas pinturas y hablar palabras razonables."

JOHANN WOLFGANG VON GOETHE

Capítulo 4

El equilibrio entre trabajo y ocio es posible

"Hay dos tipos de personas: las que están pegadas a su letargo y
el otro extremo pegado a su ocupación. Ambas están en cárceles.
Uno debería ser capaz de pasar de uno a otro sin esfuerzo.
Entonces dispones de cierta libertad;
tu ser tiene cierta gracia y espontaneidad."

OSHO

¿A qué se refiere el síndrome llamado "ocupaditis" crónica
que nos lleva a estar demasiado ocupados para vivir?
¿Qué es lo que en verdad es valioso? ¿Cómo puedes recuperar
la energía perdida por el exceso de actividad? ¿Qué pasaría si
pudieras hacer menos y, aun así, obtener más? A continuación
encontrarás respuesta a estas interrogantes.

Demasiado ocupados para vivir

¿Recuerdas al conejo blanco de ojos rosados que viste chaqueta,
chaleco y reloj de bolsillo con leontina, en el País de las Maravillas,
que corre apresurado al lado de Alicia, mira su reloj y dice: "¡Dios
mío! ¡Dios mío! ¡Qué tarde voy a llegar!"? Justo así es como mucha
gente actúa en la vida diaria. Está presionada para llegar a cualquier
parte. Hace las cosas deprisa y sin prestar demasiada atención a su
entorno o siquiera a lo que está haciendo.

Vivimos en la era de la escasez de tiempo, la era de la prisa. Hay demasiado por hacer y poco tiempo para realizarlo. Las parejas tienen unos cuantos minutos para platicar al final del día de trabajo; los padres tienen poco tiempo para jugar con sus hijos; dormimos poco, no lo suficiente; provocamos accidentes en el trabajo y cometemos errores debido al cansancio.

La respuesta casi automática a la pregunta "¿cómo estás?", después del socialmente obligado "bien", es "muy ocupado". A veces es "demasiado ocupado", incluso para devolver una llamada, para ver a los amigos, ¡para vivir! Muchos nos llenamos de más y más actividades, sobre todo laborales, y nos olvidamos de otros aspectos de la vida. Lo peor es que esta ocupación incesante decide la dirección y la calidad de nuestra existencia. Perdemos el rumbo.

Claro, mantenernos ocupados no está del todo mal. ¿Quién no disfruta los logros académicos, sentirse productivo, liderar a otros y ganarse la admiración de los demás? La ocupación también nos da satisfacciones. No hay nada de malo en amar el trabajo, dedicarse a él y querer tener una mejor calidad de vida. Solo que una mejor calidad de vida no siempre implica intentar con desesperación conseguir más, a costa de las cosas importantes, como los momentos que pasamos con los que amamos, el tiempo de ocio, las horas que dedicamos a nuestros intereses personales y a cuidar de nuestra salud.

> "Encuentra el balance en tu vida, tiempo para trabajar pero también tiempo para divertirte. Demasiado de una sola cosa termina ocasionando estrés que nadie necesita en su vida."
>
> CATHERINE PULSIFER

¿Cuál es la diferencia entre apasionarse por el trabajo y ser adicto a él? En el primer caso, la persona mantiene un equilibrio sano entre el trabajo y la responsabilidad personal y emocional para con sus seres queridos. Procura tener suficiente tiempo libre para disfrutar de ellos y de sus intereses personales. En el segundo, la persona se obsesiona con su desempeño en el trabajo y maneja altos niveles de adrenalina y estrés. Una de las peores consecuencias es la pérdida de contacto con sus emociones: nada ni nadie importa, solo el trabajo y ser productivo.

> "Uno de los síntomas de que nos estamos acercando a un colapso nervioso es la creencia de que nuestro trabajo es sumamente importante."
>
> BERTRAND RUSSELL

En diferentes niveles, muchos de nosotros tenemos actitudes de adicción al trabajo. Una buena forma de contrarrestar los efectos del "trabajolismo" es poner atención a qué tan involucrados emocionalmente y qué tan presentes estamos en la vida de nuestros familiares, amigos y comunidad. Las personas y las relaciones le dan un valor especial a nuestra vida, recuerda esto.

¿Cuántas veces has dicho que ahora sí tomarás vacaciones el año entrante, que vas a reponer el sueño atrasado el fin de semana, que retomarás tu pasatiempo favorito en cuanto tus hijos terminen su carrera?

Continúas postergando lo que tanto ansías hacer. Quizá no te das cuenta de que este momento, ahora, es ya el futuro que en el pasado te prometiste vivir. El futuro ya te alcanzó. Sin embargo, pospones las actividades que tienen un verdadero significado para ti, hacen sentir pleno y te dan satisfacción. Encontrar un balance entre lo que te roba energía y lo que te llena de vitalidad es esencial.

> "La vida es lo que sucede mientras te ocupas en hacer otros planes."
>
> JOHN LENNON

Conforme dejamos de hacer actividades que nos brindan placer para dar paso a las que son "verdaderamente importantes" (los deberes, el trabajo extra), nos ponemos irritables o desarrollamos síntomas físicos para los que no tenemos explicación. Lo primero que dejamos de hacer es lo que en apariencia es "opcional": ejercicio, pasatiempos, siestas, un baño largo, visitar a los amigos o ir al cine o a un museo. Estas son prácticas nutritivas que nos llenan de energía y en las que encontramos una gran fuente de placer. No solo nos relajan y deleitan, también fortalecen nuestro interior. Tal es el caso del arte, un alimento para el alma que no tiene una función específica ni práctica, pero cuyo carácter es nutritivo, incluso sanador.

Eso que hacemos solo por placer, como sentarnos a leer el periódico en un parque un domingo por la mañana, nos ayuda a aguantar el estrés continuo de la vida y a sensibilizarnos ante las cosas bellas que tiene. El gozo que se deriva de las actividades nutritivas nos fortalece y nos ayuda a estar preparados para una eventualidad; por ejemplo, para evitar que nos afecten los pequeños cambios de estado de ánimo a lo largo de un día o un periodo determinado.

> "No es suficiente con estar ocupados. También las hormigas lo están. La cuestión es: ¿en qué estamos ocupados?"
>
> HENRY DAVID THOREAU

Nuestra vida va empobreciéndose a medida que nos concentramos solo en el trabajo y lo rutinario; es decir, el deber. Con ello aparece la desesperanza y la sensación de no disfrutar de la vida. La anhedonia, la imposibilidad para encontrar gozo en actividades que antes nos provocaban gran placer, se hace patente. La anestesia emocional y la apatía nos impiden reconocer los sentimientos positivos, nuestros logros o la satisfacción derivada de lo que hacemos y que en otro momento nos llenaba de gozo. Es posible que terminemos por aislarnos o por dañar nuestras relaciones interpersonales.

A esto me refiero cuando digo que perdemos el rumbo. Estamos demasiado ocupados para vivir. Una de las cosas más bellas de la vida es poder disfrutar de lo bueno que nos ofrece, algo que con el desgaste extremo se vuelve imposible. Perdemos de vista que lo importante no es solo llegar a la meta, sino que disfrutar del camino es esencial. Como el poeta Constantino Kavafis nos recuerda: "… Cuando te encuentres de camino a Ítaca, desea que sea largo el camino… Ten siempre en tu mente a Ítaca. La llegada allí es tu destino. Pero no apresures tu viaje en absoluto".[1]

---

[1] Kavafis, Constantino, *Poesías completas*, Madrid, Editorial Hiperión, 1976.

Una existencia empobrecida y la pérdida del rumbo es lo que consiguió Daniel, el protagonista de esta historia de vida, cuando se convirtió en "trabajólico" para concentrarse solo en el trabajo, lo rutinario y el deber. En su historia nos revela cuáles fueron los hábitos que lo llevaron a lograr un equilibrio entre el trabajo y el resto de su vida, después de haber estado inmerso en una obsesión por el trabajo que puso en peligro su matrimonio.

También soy adicto al trabajo
Daniel

Cuando leí su historia sentí una sacudida: Mita Diran, una joven indonesia de 24 años de edad, quien trabajaba en una agencia de publicidad en Yakarta, murió en diciembre de 2013, luego de trabajar durante treinta horas consecutivas, sin descansar ni dormir.

Me pareció inverosímil, pues yo mismo he llegado a trabajar jornadas extenuantes de hasta 24 horas consecutivas, sin apenas descansos, para sacar campañas publicitarias urgentes, trabajos de último momento o corregir errores, que son tan comunes en mi trabajo como publicista. Y no había sentido ningún malestar.

Estaba incrédulo. Uno de mis lemas favoritos ha sido siempre que "el cansancio es una cuestión mental; el trabajo pendiente no".

Por ello, para salir de dudas, busqué en Twitter la cuenta que se suponía que correspondía a la chica indonesia, donde habría dejado constancia de esas maratónicas jornadas laborales que la condujeron a la muerte, a consecuencia de un fulminante ataque al corazón.

Cuando encontré sus mensajes en la red y comencé a leerlos, sentí un baño helado. "Treinta horas de trabajo y aún me mantengo fuerte", decía uno de ellos. "Una semana entera de volver a casa de la oficina pasadas las dos de la madrugada. Señoras y señores, creo que he batido un récord", decía otro. "En casa antes de medianoche, después de tres semanas agotadoras. Misión cumplida".

De inmediato comencé a sentirme identificado con ella. Recordé que estaba por cumplir 19 meses sin vacaciones. La ocasión cuando mi esposa me reclamó por más de nueve fines de semana sin despegarme del trabajo. Los consejos de mis amigos sobre la peligrosa combinación de bebidas energizantes con jornadas inagotables de trabajo continuo: yo era igual que Mita Diran. Un adicto al trabajo.

Un poco sorprendido y un mucho asustado, esa noche llegué a casa antes de las doce y platiqué con mi mujer. Le conté sobre la noticia que había leído en los diarios y mi angustia por terminar igual.

Luego de platicar largo rato, me di cuenta de que mi zozobra por terminar el trabajo era ilógica: en más de catorce años los contratiempos que había tenido eran con mis propios empleados, quienes renunciaban cada tanto tiempo, extenuados por la carga de trabajo, las presiones y los excesos. Solo yo había aguantado el ritmo. Y no lo había notado.

Decidí poner fin a la situación de un solo tajo. Me encanta mi trabajo, pero mi vida es más importante que cualquier campaña publicitaria. Y solo tengo una vida.

Me decidí a recuperar el equilibrio entre el trabajo y la vida privada y me obligué a seguir, sin cortapisas, un conjunto de reglas que mi esposa me ayudó a crear:

Vacaciones a su debido tiempo: tomar por lo menos una semana de vacaciones cada semestre y disfrutar de por lo menos dos de los fines de semana largos que hay en el calendario. Y eso debe incluir, como obligación, desaparecer por completo: nada de llamadas telefónicas, correos electrónicos, mensajes de teléfono ni trabajo en casa. Reencontrarme con la naturaleza y los míos como una forma de incrementar mi creatividad.

Límites de oficina: en la casa se atienden problemas de casa y en el trabajo los problemas del trabajo. Una regla simple, pero de vital importancia, para darle a mi familia, a mis amigos cercanos y a mí mismo, el tiempo necesario. Y no exceder la jornada laboral de diez horas al día, como medida de salud física y mental, para lo cual es indispensable administrar mejor mi tiempo, los plazos de entregas y la coordinación con mis empleados.

Hacer ejercicio. Una actividad que, por la carga de trabajo, reduje a su mínima expresión y que, en compañía de mi esposa y mis hijos, ha de ayudarme a recuperarlos a ellos y a mí mismo.

Hacer algo por los demás. Mi trabajo, que solía ser mi vida, ahora tiene que convertirse en solo una parte de ella. Por eso, creo que el trabajo a favor de los demás, además de gratificante, puede ser saludable para mi equilibrio, pues me proporciona gran satisfacción. Estoy convencido de que contribuye a mi felicidad.

Luego de varios meses de llevar a cabo estos cambios, encontré un par de ventajas significativas: el valor de mi trabajo no solo no ha disminuido sino que ha tomado nuevos bríos con mi creatividad rejuvenecida, y he descubierto que lo disfruto mucho más cuando comparto esos éxitos con quienes quiero y me quieren.

La falta de vida personal y la desproporcionada cantidad de tiempo dedicado al trabajo produjeron un terrible desgaste en la vida de Daniel. En su caso, la llamada a despertar fue la noticia de la chica indonesia que prácticamente había muerto por exceso de trabajo. Hace unos años escuché la historia de una joven traductora a quien habían encontrado muerta sobre el teclado de su computadora. Siempre queda la duda de si trabajó hasta morir o si tuvo un ataque cardiaco por su estilo de vida, que involucraba largas horas de labor diaria. Conocer estos casos nos hace pensar sobre nuestras prioridades, ¿no es así? Los hábitos que Daniel desarrolló le ayudaron para descubrir las claves de lo que muchas personas creen imposible: encontrar el balance entre su vida personal y el trabajo. Creo que vale la pena tomarlos en cuenta.

El origen de la "ocupaditis" crónica

"Eres lo que haces", "haces, luego existes" o "tengo que presionarme más para probar lo que valgo" son frases que no decimos en voz alta, pero que se encuentran detrás de la compulsión al trabajo. Janet Ruffing, en la revista *Spiritual Life*,[2] dice que la compulsión o adicción a la actividad es "un demonio con efectos devastadores que se debe exorcizar". Piensa que la adicción a la actividad es una creación cultural que surge de la presión social. El entorno nos empuja a actuar de la misma forma como lo hacen los demás.

La búsqueda de estatus es un factor importante en la pérdida de bienestar. Nos lleva a hacer grandes esfuerzos, por ejemplo, para trabajar en exceso, para mantener cierta imagen y para quedar bien con personas a quienes en realidad no les importamos. En esa búsqueda de aprobación dejamos de ser auténticos. El discurso consiste en que queremos "ser alguien" (como si no fuéramos ya "alguien") y estamos seguros de que la única forma de lograrlo es a través de la imagen. Solo podemos construirnos cierta imagen a partir del poder económico y la única forma de obtenerlo es mediante el trabajo, en ocasiones compulsivo.

Tim Kreider, en un artículo en *The New York Times*,[3] sostiene que la tendencia a mantenernos ocupados es auto-impuesta, que nos llenamos de ocupaciones de manera voluntaria y, en parte, coincido con él. Nos imponemos estos ritmos exhaustivos de trabajo por la presión social, porque no nos detenemos a pensar cuáles formas alternativas de vivir existen. Todos intentamos ser felices y lo hacemos de la

> "Hay miles y miles de personas que viven en la desesperación, que trabajan muchas horas, en empleos que detestan, para que les permitan comprar las cosas que no necesitan, para impresionar a quienes no les caen bien."
>
> NIGEL MARSH

[2] Ruffing, Janet, "Resisting the Demon of Busyness", *Spiritual Life*, 55.3, otoño 2009, pp. 147-159.

[3] Kreider, Tim, "The Busy Trap", *New York Times, Anxiety blog*, 1 de julio, 2012.

única forma que conocemos: la manera que aprendimos, el modo como todos los demás lo hacen. Así pues, si todos se mantienen ocupados realizando actividades, llega el momento en que a "mantenerse ocupado" se lo ve como un motivo para estar orgulloso, y la respuesta "he estado muy ocupado" se convierte en una queja que esconde detrás una presunción. Hemos llegado a pensar que estar atareados nos hace importantes, quizá porque en el fondo pensamos que no lo somos.

Un ejemplo de cómo nos imponemos un exceso de actividad es la actitud de los padres que envían a sus hijos, para mantenerlos ocupados, a diferentes tipos de clases, una vez terminado el horario escolar. Quieren tener *súper hijos* y se ocupan tanto supervisándolos y haciendo cosas por y con ellos que al final se convierten en una carga. Un ama de casa se llena de actividades agobiantes con tal de ser una *súper mamá*, con lo cual se pierde de momentos de convivencia y tranquilidad con sus hijos. Un amigo me dijo alguna vez: "ahora que trabajo todo el día tengo dinero suficiente para comprar todos los libros que quiero, pero no tengo el tiempo ni la energía para leerlos". Paradójico, ¿verdad?

> "Nunca se puede conseguir bastante de lo que no es necesario para hacerte feliz."
>
> ERIC HOFFER

Hemos llegado a creer que encontraremos la felicidad en las cosas materiales y en un trabajo que nos dé prestigio, estatus o poder. Parece ser que de cualquiera de estos tres, entre más tengamos, mejor. Y lo mismo se aplica a la actividad. Hay quienes no pueden soportar estar sin hacer algo, por lo que se llenan de ocupaciones, quizá para evitar el vacío. Y claro, cuando el vacío, la soledad y el aburrimiento se hacen insoportables, ¿a qué recurrimos? Al consumismo: compramos para entretenernos. Al convertir el consumo en una forma de diversión, perdemos un tiempo valioso que podríamos pasar con amigos o con la familia, tratando de encontrar un propósito a nuestras vidas, dando cauce a nuestras aficiones o, simplemente, disfrutando de no hacer nada.

Si queremos salir de la trampa de la ocupación, es preciso revisar y modificar nuestro sistema de creencias. Lo que pensamos que es valioso nos lleva a actuar de una forma u otra. Si estamos convencidos de que valemos por lo que hacemos y que, por tanto, debemos conseguir más (de lo que sea) para ganar más valor, con facilidad caeremos en la trampa de la actividad compulsiva, el consumismo y la pérdida de autenticidad.

¿Trabajar hasta morir?

¿Quiénes son más propensos a caer en esta espiral descendente de la adicción al trabajo que lleva al desgaste extremo? Las personas cuya seguridad y confianza dependen en gran medida de su desempeño en el trabajo y aquellos a quienes se les reconoce como empleados ejemplares, dispuestos a, literalmente, dar su vida por el trabajo o la empresa. Los "trabajólicos", en su búsqueda de realización a través del trabajo, anulan otras actividades e intereses y sacrifican su salud y las relaciones con sus seres queridos. Los adictos al trabajo son candidatos al desgaste extremo y a problemas cardiovasculares. En la cultura china lo saben bien; el pictograma que representa la palabra "ocupado" (*máng*) se compone de dos caracteres, uno para "corazón" y otro para "muerte".

> "Uno de los más grandes peligros en la vida es permitir que las cosas urgentes desplacen a las importantes."
>
> *Charles E. Hummel*

Los casos extremos son las víctimas de *karoshi*, una palabra japonesa que significa "muerte por exceso de trabajo" y que se usa para describir un fenómeno social en el ambiente laboral que existe desde hace varias décadas en Japón. El *karoshi* ha sido reconocido por el Ministerio de Sanidad del País del Sol Naciente como un problema de salud. Consiste en la muerte, sobre todo por derrames cerebrales y ataques cardiacos, a causa del exceso de horas de trabajo. Algunos de los casos más dramáticos que reporta el Consejo de Defensa de las Víctimas de *Karoshi* son los siguientes: en 2002, un empleado de treinta años de edad se desplomó y murió mientras trabajaba. El otro caso, es el del señor Yagi, quien murió de 43 años, trabajaba setenta horas a la semana y pasaba tres horas y media cada día en el tren para ir y volver del trabajo. En su diario personal escribió: "Al menos los esclavos tenían tiempo para comer con sus familias". En agosto de 2013, Moritz Erhardt, de 21 años de edad, murió de un ataque epiléptico en la ducha en su departamento de Londres, después de haber trabajado 72 horas consecutivas. Solemos pensar que las víctimas de la muerte por exceso de trabajo son altos ejecutivos, pero no es así. Una enfermera de 22 años de edad murió de un ataque cardiaco después de haber estado en guardia por 34 horas seguidas, cinco veces al mes.

La adicción al trabajo también afecta a las amas de casa, quienes en ocasiones terminan en el hospital por deshidratación porque, con tantas ocupaciones y personas que dependen de ellas, simplemente no pueden disponer de tiempo para beber agua.

> "Mi jefe no quiere irse a casa porque su jefe no quiere irse a casa, y yo no puedo irme a casa hasta que mi jefe se vaya a casa."
>
> Empleado japonés

La Organización Internacional del Trabajo reporta que en Japón, entre 1997 y 2011, los casos de *karoshi* se incrementaron de 47 a 121. En ese país tienen ahora otra palabra, además de *karoshi*, para referirse al suicidio por exceso de trabajo **y condiciones** laborales estresantes: *karojisatsu*. Este tipo de suicidio también se ha convertido en una preocupación social en Japón desde los años ochenta. En un periodo de catorce años, entre 1997 y 2011, los casos de *karojisatsu* se incrementaron de dos a 66.

El modo zen de trabajar

La palabra clave es **equilibrio**. En la vida hay muchas más cosas por hacer, no solo trabajar. "No construyas una vida en la que te arrepientas de haber trabajado demasiado", sugiere un hombre de 89 años. "No hagas del trabajo toda tu vida", continúa. Una existencia unidimensional es muy pobre y te deja vacío cuando pierdes el trabajo o te jubilas. Enriquécela con actividades que te sean altamente satisfactorias, energizantes y reparadoras. No te pierdas de vivir.

Reducir el estrés en la vida diaria es posible si tomas ciertas medidas sencillas que contribuyen a balancear la relación trabajo-reposo. Mark Williams y Danny Penman, autores de *Mindfulness (Conciencia)*,[4] proponen lo siguiente:

— Aumenta el tiempo que dedicas a lo placentero, a lo que te llena de energía.

— Modifica la forma como realizas algunas actividades. Puedes tomar medidas tan sencillas como: tomarte unos minutos de silencio a mitad de la jornada laboral; cerrar los ojos por unos momentos mientras enciendes la computadora; apagar la computadora un cuarto de hora antes de lo acostumbrado para tomarte un respiro antes de dejar el trabajo; abandonar el intento de hacer todo en un día; tomarte un tiempo para reconocer los logros del día, por pequeños que parezcan.

— Recuerda que, en ocasiones, una sola actividad nutritiva tiene el poder de compensar, en gran medida, el desgaste de cuatro actividades que te restan energía, las cuales son estresantes en extremo.

— Construye tu propia "red de contención"; es decir, asegúrate de contar con un número de actividades energizantes para echar mano de ellas cuando lo necesites.

Puedes evitar pagar el alto costo del desgaste ocupacional. Ahora es un buen momento para comenzar. Si no es ahora, ¿cuándo?

---

[4] Ob. Cit.

¿Qué es lo verdaderamente importante?

Es bien sabido que los niños son más felices cuando disponen de más tiempo de calidad con sus padres que si están rodeados de juguetes. Cuando nos dedicamos demasiado al trabajo, nos perdemos de cosas muy valiosas, como la compañía de la pareja, los hijos, los familiares y los amigos. Así como lo ilustra este pasaje del libro de James Patterson, hay que cuidar las diferentes áreas de la vida.

> "Lo importante es la calidad de vida y encontrar un feliz equilibrio entre el trabajo, los amigos y la familia."
>
> PHILIP GREEN

"Imagina que la vida es un juego en el que haces malabares con cinco pelotas. Las pelotas se llaman trabajo, familia, salud, amigos e integridad. Y las mantienes todas en el aire. Pero un día por fin comprendes que el trabajo es una pelota de hule. Si la dejas caer, va a rebotar. Las otras cuatro pelotas –familia, salud, amigos e integridad– están hechas de cristal. Si dejas caer una de ellas, se dañará de forma permanente; podría incluso romperse. Solo cuando en verdad aprendas la lección de las cinco pelotas, comenzarás a balancear tu vida".[5]

> "Una vida exitosa es en la que se conoce y se sigue el camino personal, no en la que se persiguen los sueños de otros."
>
> CHIN-NING CHU

Estas relaciones son las que, en muchas ocasiones, nos aportan el coraje que necesitamos para seguir adelante. Una vez que las perdemos o que nos acercamos al final de nuestra vida, surge la culpa por no haber pasado más tiempo con esos seres. Tú puedes evitar que esto suceda. Estás a tiempo de hacerlo. Encuentra un buen equilibrio entre el trabajo, tu tiempo de ocio y el que dedicas a alimentar tus relaciones.

---

[5] Patterson, James, *Suzanne's Diary for Nicholas*, EUA, Vision, 2003.

Trabajamos para asegurar nuestro futuro, pero terminamos por perder lo único que en realidad nos pertenece: nuestro presente, el tiempo que podemos disfrutar con quienes amamos. "Son pocos los hombres que viven en el presente; la mayoría se prepara para vivir en otro tiempo", afirmaba Jonathan Swift, autor de *Los viajes de Gulliver*. Hay quienes temen que, si se mantienen más en el presente, no van a estar preparados para lo que les toca enfrentar en el futuro. Esto es falso: tu vida futura, en gran medida, depende de cómo vives ahora. Si te aseguras de tener bienestar ahora, es muy probable que lo tengas más adelante. Haz del presente tu meta.

Hay quienes piensan que no tienen opción. Esto es porque se enfrascan en sus rutinas y son incapaces de ver más allá de lo habitual. Una vez que se lo permiten, descubren un mundo de posibilidades.

Una de esas posibilidades para procurarse bienestar y concentrarse en lo verdaderamente importante es simplificar nuestro estilo de vida y elegir de manera adecuada y consciente, de acuerdo con nuestras necesidades. Podemos prescindir de muchas cosas que pensamos que "necesitamos". ¿En realidad necesitamos un televisor más grande, un auto lujoso o salir a cenar a restaurantes caros? ¿No tiene esto más que ver con mantener una imagen ante los demás que con nuestras verdaderas necesidades? Estoy de acuerdo con una amiga cuando dice que no necesitamos demasiado para vivir y estar bien. Reducir gastos nos permite tener más tiempo libre para disfrutar de aquello que nos hace felices.

Es una cuestión de prioridades. Al crear un espacio en nuestra vida para hacer otro tipo de actividades que no necesariamente involucren "ser productivos", tenemos mayores probabilidades de ser felices. Esas actividades que a algunos podrían parecerles una pérdida de tiempo, como la jardinería, por ejemplo, o tomar un curso de repostería, solo por el placer de hacerlo, contribuyen a nuestra felicidad de manera significativa.

¡Hay tanto que no necesitas!

Al igual que con las pertenencias, podemos simplificar nuestra vida eliminando lo innecesario. Hay muchas necesidades que no son tales, son carencias inventadas por los mercadólogos, anunciantes y la sociedad en general. Estas falsas necesidades están fundadas en creencias que nos llevan a trabajar y a esforzarnos por mostrar una imagen de éxito para quedar bien con personas que están demasiado absortas en sus propios mundos. Con toda sabiduría, Sócrates solía decir: "¡Cuántas cosas hay en el mercado que yo no necesito!".

Al reducir esas carencias inventadas, también se reduce el esfuerzo requerido para encontrar satisfacción: se minimizan los gastos, se aprende a ser feliz con menos (uno de los principios para simplificar la vida), tenemos la oportunidad de trabajar menos y "jugar" más.

Además, hay muchas acciones que son innecesarias en las que invertimos mucha energía y que podemos eliminar o reducir. Por ejemplo, el deseo de tener control total sobre las cosas puede traer un gran desgaste y muchas complicaciones. Otras personas quieren responder a cada mensaje que reciben por correo electrónico, mantener la casa impecable o tener una apariencia de revista de modas,

> "Estamos demasiado rodeados de mensajes, casi todos ellos consumistas, que obligan a mantener una vida que no es la ideal; se nos inculca que hay que ser mejores que el vecino, que hay que gastar."
>
> Juan Antonio Cebrián

cuando hacerlo significa invertir tiempo y esfuerzo que bien podrían utilizar en algo más creativo y placentero. Simplifica al sustraer: automatiza las tareas aburridas o conviértelas en algo atractivo, piénsalo bien antes de agregar una nueva actividad a tu vida que la complique. Quédate solo con lo que amas y necesitas.

Hacer menos para obtener más

Esta idea paradójica de hacer menos para obtener más es extraña y atrayente a la vez. Es una transformación, una forma de estar en el mundo propuesta por Marc Lesser, autor de *Less: Accomplishing More by Doing Less*,[6] que sostiene que, al reducir nuestras ocupaciones, mejoramos la productividad y podemos disfrutar más de la vida, saborear nuestras contribuciones al trabajo y tener tiempo para compartir con los seres amados. Pero no se trata solo de hacer menos, sino de hacer el trabajo de forma consciente, con plena atención y concentración.

Es una forma de simplificar las cosas en el terreno laboral. Es importante aclarar que hacer menos no implica volverse perezoso o dejar de ser productivo. No se trata de haraganear, sino de hacer las cosas de manera diferente. Para obtener mejores resultados con menor esfuerzo es necesario cambiar actitudes y la forma como manejamos la relación vida-trabajo.

> "Es cuando estamos completamente involucrados en cada detalle de nuestra vida, en lo positivo y negativo, que encontramos la felicidad, no cuando la buscamos directamente."
>
> MIHALY CSIKSZENTMIHALYI

Uno de esos cambios es vivir con menor esfuerzo, sin empujar, sin ejercer presión. En la filosofía taoísta hay un término que describe una forma de abordar las situaciones sin forzarlas: *wu wei* (no-acción), que significa no interferir, no resistirse, no esforzarse en exceso, hacer solo lo que es natural, fluir con los acontecimientos, estar en equilibrio con el mundo cambiante. Parecería que la sugerencia es "no hacer", tener una actitud pasiva, mas no es así. Es una forma natural de hacer, tal como hacen las plantas: crecen sin realizar ningún esfuerzo agregado.

---

[6] Lesser, Mark, *Less: Accomplishing More by Doing Less*, EUA, New World Library, 2009.

Haz cada cosa de manera relajada, sin empujar. Recuerda la tensión que has sentido cuando te exiges un buen desempeño. La mente tensa o calmada afecta los resultados. Pregúntate en diferentes momentos del día qué parte de tu cuerpo tensas o en quién ejerces presión, qué haces con un esfuerzo agregado. Date cuenta si estás relajado y si puedes reducir ese esfuerzo que añades a tu actividad.

Poner atención a cómo te sientes a cada momento te ayuda a evitar estrés innecesario y a estar más consciente de cómo realizas tus actividades o trabajo. Enfocarte en tus sensaciones te permite estar más presente en todo lo que haces. Practica este estado de conciencia, por ejemplo, atendiendo a lo que sientes en tus pies al pisar cuando caminas, notando el viento en tu cara, poniendo atención a tu respiración. Podrías proponerte hacer un poco de "caminata consciente" diez minutos al día, como un ejercicio. La meditación es una forma excelente de lograr una mayor concentración y enfoque en el trabajo y en las actividades cotidianas.

El reposo es importante en la vida. Después de un periodo de relajación se aclara la mente, las ideas se acomodan, el cerebro funciona mejor porque se refuerzan las conexiones neuronales, lo cual contribuye a hacernos más creativos. Los educadores y dirigentes de algunas empresas reconocen el valor del descanso y de un sueño reparador. Se sabe que una siesta mejora la concentración y la memoria; nos hace tener reacciones más rápidas; nos pone más alertas y optimiza las habilidades perceptuales y motoras. Los empresarios japoneses y chinos saben que dar descansos constantes a sus empleados redunda en mayor eficiencia. Algunas compañías innovadoras, como Google, que comprenden el papel que tiene el descanso en la creatividad y el desempeño de sus empleados, cuentan con cabinas para dormir. Recuerdo que una escuela en donde trabajé hace muchos años contaba con un espacio con camas aisladas con cortinas para que los profesores descansaran o tomaran una siesta entre clases.

Cuidado: ¿el descanso es pereza?

Claro que no hay que confundir el descanso con la pereza. El descanso consiste en encontrar un momento para recuperar la energía, lo cual, paradójicamente, nos vuelve más eficientes y productivos. La pereza es un exceso de inactividad. Descansar significa "desenchufarnos" unos minutos; implica reconocer que no somos máquinas, que no está bien posponer el reposo. No pasa nada si te desconectas por un momento de tu trabajo, estudio u oficina. Sobre todo en el caso del trabajo, **es importante que comprendas que el mundo puede seguir sin ti.**

> "El arte del descanso es una parte del arte de trabajar."
>
> JOHN STEINBECK

Aléjate de ideas como: "debo ser altamente productivo en todo momento", "tomarme un descanso es pérdida de tiempo" o "no está bien tomarme una siesta". Detrás de estas creencias hay una enorme exigencia que tiene un efecto importante en tu salud, en tu tranquilidad y en tu bienestar general.

Cómo restaurar tu energía

— Toma una siesta de treinta minutos o menos. Usa una alarma para despertarte. Hay quienes duermen unos momentos en el auto y lo encuentran muy reparador.

— Descansa mediante una actividad física, como caminar por el parque o las calles, por ejemplo, después de la comida.

— Escucha música solo por el placer de hacerlo. No tienes que hacer nada más mientras sigues cada una de las notas musicales que aparecen en la melodía.

— Observa los árboles o los pájaros desde tu ventana o cuando salgas a fumar un cigarro. La apreciación de la naturaleza es muy reconfortante y revitalizante. Al hacerlo, observa cómo la naturaleza no tiene prisa: se toma su tiempo.

__ Evita el estrés: detente antes de llegar al punto del agotamiento. Es como si evitaras la sed asegurándote de tomar agua con regularidad.

__ Conéctate con tu cuerpo y tus sentidos: retira la vista de la pantalla de la computadora o de la hoja de papel. Cierra los ojos, escucha, siente. Con cinco minutos es suficiente.

__ Presta atención a tu respiración por unos momentos. Escribe un recordatorio en un *post-it* con la palabra "RESPIRA".

__ Imita a los gatos y a los bebés, que obtienen mucha de su energía de una siesta.

__ Tómate un descanso mental y aléjate de tus preocupaciones, pendientes, tensiones y cuestiones emocionales. Simplemente siéntate con los ojos cerrados y escucha todos los sonidos que alcances a percibir. Es probable que después de esta sencilla relajación tengas más energía para continuar y veas las cosas bajo una luz diferente.

__ Evita el cansancio físico: siéntate, cuando puedas hacerlo, en lugar de estar de pie; acuéstate en lugar de estar sentado.

__ Tómate un día libre de vez en cuando. Prográmalo y recupera fuerza cuando te sientas demasiado estresado o agotado.

Como ves, tener una mayor concentración, vivir de manera más consciente, reducir las acciones innecesarias, evitar hacer esfuerzos extremos, abordar cada actividad de manera relajada, acallar la mente y descansar el cuerpo, te permiten hacer más con menos. Encuentra el equilibrio, pues es la clave. **Recuerda que si tú no tomas la responsabilidad de organizar tus actividades, de establecer tus prioridades, alguien más lo hará y puede no ser lo mejor para ti.** Evita dejar estas decisiones a la empresa para la cual trabajas. Son decisiones demasiado importantes como para dejarlas en manos de alguien más. Sobre todo, procura hacer el balance trabajo-vida. Esta es una buena forma de hacer tu vida más sencilla y disfrutable.

Es momento de descubrir un bello y útil mensaje en una historia. Realiza un par de inhalaciones y exhalaciones lentas y profundas.

Percibe los sonidos a tu alrededor. Nota tu respiración y haz contacto con tu cuerpo, con las sensaciones de tu piel y con tu peso sobre la superficie que te sustenta. Escucha los latidos de tu corazón. El propósito es que te inspires en el relato y que te acerques a él con la intención de encontrar el mensaje importante y útil que contiene para ti.

Para reflexionar sobre la vida simple
Lo primordial está aquí y ahora

Jaime nunca había salido de su pueblo natal. Había oído hablar de las maravillas de la ciudad; así que, llevado por su curiosidad, se las arregló para visitar a una tía que residía en la capital. Al llegar, quedó impresionado por los grandes edificios y las anchas avenidas. Le llamó la atención la expresión de apuro en las caras de toda la gente que iba deprisa. "Van como si fueran a recibir herencia", pensó, al tiempo que recordaba esta típica frase que solía decir su abuela.

Cansado de recorrer las calles, Jaime se sentó en la banca de un parque a descansar. Aprovechó para comer, pues el trajín de la ciudad le había provocado hambre. Después de un rato de mirar a la gente correr de un lado a otro, notó que junto a él se sentó un hombre muy bien vestido con un elegante traje, con gafas para el sol y zapatos bien lustrados. El hombre con imagen de ejecutivo parecía esperar a alguien, pues miraba su sofisticado teléfono celular para verificar la hora una y otra vez. Mientras esperaba, quizá para no aburrirse, comenzó a platicar con Jaime. Tras unos minutos de charla, descubrió a qué se dedicaba un ejecutivo: a resolver asuntos muy importantes en el interior de esas grandes construcciones que parecían rascar el cielo.

Intrigado, le preguntó por qué esos asuntos eran tan importantes, a lo que el hombre de negocios le contestó: —Porque, a través de estos negocios, la compañía para la que trabajo gana mucho dinero. Entonces yo puedo tener un mejor puesto y ganar más dinero.

—¿Y para qué quiere ganar más dinero? —preguntó Jaime.

—Para tener una casa más grande, un auto más lujoso y muchas cosas que me permitirán disfrutar de la vida. Hay que tener visión empresarial e invertir. La política de mi empresa es que hay que trabajar duro ahora que estamos vivos, pues ya tendremos tiempo suficiente para descansar cuando nos jubilemos. El objetivo es generar un patrimonio que traiga consigo una buena vida —contestó el hombre de negocios, casi con tono de motivador profesional.

Como Jaime no entendía a qué se refería con una buena vida, cuestionó: —Para usted, ¿qué es una buena vida?. Pensó de inmediato en el estilo de vida que llevaba en su pueblo natal y lo comparó con el proyecto del cual el ejecutivo hablaba con tanto entusiasmo.

—Me refiero a la seguridad económica que te permite levantarte tranquilo por la mañana, desayunar con tu familia, llevar a los niños a la escuela, salir a caminar o al trabajo, volver a comer a casa, tomar una siesta, gozar de tus pasatiempos, visitar a los amigos y convivir un buen rato con la familia —explicó el hombre.

"¡Qué curioso! Esa es justo la forma como vivo en mi pueblo. ¿Para qué esperar hasta jubilarse si es posible disfrutar de la vida como lo hago yo?", pensó Jaime. Entonces se sintió afortunado de vivir como muchos otros soñaban y trabajaban sin parar para algún día tener. "Es el momento de volver a casa", dijo para sí, "ya conocí suficiente de las maravillas de la ciudad".

De vuelta en su pueblo natal, Jaime les contó sus anécdotas a sus familiares, quienes lo esperaban con ansias. Lo primero que relató fue que había mucha gente diferente entre sí, lugares muy bonitos que visitar y comida variada.

—¿Y la gente? ¿Cómo es la gente? —preguntaban con avidez.

—Hay mucha gente bonita y bien intencionada, pero también hay que cuidarse de los que tienen malas intenciones. Pero lo que más me llamó la atención fue lo que descubrí un día que platiqué con un señor en el parque acerca de los directores de las empresas: pues fíjense que en la ciudad los ejecutivos trabajan sin descanso para poder tener mucho dinero y una casa para guardar todas las máquinas y aparatos que compran, cosas que después no van a poder disfrutar con su familia porque no tienen tiempo libre. Y luego resulta que quieren llevar una vida como la nuestra, porque no están satisfechos con la suya. Qué raros son algunos en la ciudad, ¿verdad? —concluyó Jaime.

En el afán por conseguir más dinero, un mejor puesto en la compañía y mayores bienes materiales, descuidamos las relaciones con quienes más nos importan: la pareja, los hijos, la familia, los amigos. Continuamos postergando esos momentos que tanto atesoramos, las pequeñas cosas que tanto cuentan: recoger a los hijos en la escuela, pasear por el parque tranquilamente con la pareja, tener una conversación con los padres, leerles a los hijos antes de dormir, llamarle a un amigo que se encuentra enfermo.

Al igual que el ejecutivo en el cuento, con frecuencia decimos: "lo haré cuando haya conseguido ese puesto" o "voy a tener una vida cuando me jubile". Pero la realidad es que ese momento no llega. Y, mientras tanto, nos perdemos del tiempo presente, el único verdadero con que contamos.

Encontrar tiempo para dedicárselo a quienes atesoramos o para realizar otras actividades gratificantes es una decisión personal e individual. No es algo que vaya a resolver la empresa para la que trabajamos. A cada uno le corresponde priorizar y poner un límite a la forma como lleva a cabo las faenas, a las actividades a las que se dedica y a la gente a la que ofrece su tiempo preciado. Si buscas, encuentras opciones para balancear los diferentes aspectos de la vida.

Ahora que conoces la importancia de equilibrar el trabajo y el resto de tu tiempo, te sugiero algunos retos para acercarte poco a poco a ese balance. Estoy seguro de que estas ideas, aunadas a las que de manera creativa ya pones en práctica o a las que se te ocurran, te ayudarán a eliminar lo que hace complicado cada uno de tus días.

• •

¿Aceptas estos desafíos para simplificar tu vida?

1. Evita actuar como si todo fuera urgente, "desconéctate" de la actividad. No tiene que hacerse todo en un día. Algunas cosas pueden esperar hasta el día siguiente.

2. Evita el *multitasking* o "multitarea". Haz una cosa a la vez. Cuando duermas, duerme; cuando comas, come. Cuando leas, solo lee. Evita trabajar o estudiar mientras ves la te-

levisión; navegar por Internet mientras hablas por teléfono. Cuesta, pero es posible si te lo recuerdas cada vez que hagas algo: una cosa a la vez. Así evitarás que tus niveles de estrés y ansiedad se eleven.

3. Reconsidera cuáles son tus necesidades y cuestiónate la forma como siempre has hecho las cosas. Solo tienes una vida. ¿Cómo quieres vivirla: de acuerdo a como los demás quieren que lo hagas o como tú quieres hacerlo?

4. Reflexiona sobre qué te gustaría que estuviera escrito en tu epitafio: "trabajó cada día de su vida y acumuló riqueza" o "estuvo presente y disfrutó de cada momento que vivió".

5. Disfruta de unos momentos de quietud, calma y silencio a lo largo del día: apaga el radio, siéntate tranquilo sin hacer nada, concéntrate en tu respiración, siente tu cuerpo, deja pasar tus pensamientos. Puedes y mereces hacerlo.

Tus propios desafíos

Escribe cuáles retos te propones a partir de lo leído en este capítulo:

1. _____

2. _____

3. _____

• •

"Se disfruta más de la vida cuando se divide el tiempo equitativamente entre el trabajo, el sueño y el ocio... todos deberíamos dedicar un tercio de nuestro tiempo al ocio, que es renovación, actividad voluntaria, nunca pereza."

Brigham Young

El bienestar no tiene por qué ser costoso

"¿Quién es rico? El que está satisfecho con lo que tiene."

BEN ZOMA

¿Cuál es el significado del dinero? ¿Cuánto dinero es suficiente para mí? ¿El dinero compra mi felicidad? ¿Qué me hace feliz? ¿En qué inviertes el dinero que recibes? Aquí te sugiero un significado poco común para el dinero. Descubre cuál es.

El significado del dinero

Es común escuchar que el dinero, ese invento social creado para facilitar las transacciones, mueve al mundo. El capital afecta distintas partes de nuestra vida, de forma directa o indirecta: familia, relaciones, elecciones y educación, entre otras. Todos hemos sentido el efecto de tener menos o más dinero. Un incremento de salario hace nuestra vida más cómoda y contribuye a nuestra felicidad. Tener un poco más de dinero amortigua los efectos de situaciones estresantes y transiciones en la vida: la educación de los hijos, medicamentos, terapias, vacaciones. El dinero es un motivador que nos alienta a trabajar con entusiasmo para obtener las dos cosas que más deseamos: comodidad y tiempo.

La comodidad abona a nuestra felicidad. Está claro que viajar en avión en primera clase es mucho más cómodo que hacerlo en clase turista. Para hacer lo primero se necesitan mayores recursos. Por medio del capital también podemos obtener tiempo de vida; en el caso de una enfermedad, con dinero tenemos acceso a mejores condiciones de tratamiento y medicamentos que, aunque no siempre es posible, pueden prolongar la vida. El dinero es un medio que nos permite alcanzar un fin.

Sin embargo, para cada uno de nosotros, el dinero representa algo diferente. Le damos un valor particular que depende de nuestra historia familiar, de nuestras experiencias de vida y de nuestras creencias.

— **El dinero como solución mágica.** Para algunos, el dinero constituye la solución a todos sus problemas. Estas personas tienen la creencia de que, si reciben un aumento de salario o si reciben una gran suma inesperada, los problemas desaparecerán de su vida.

— **El dinero como símbolo de estatus.** Otros asocian su valía personal con sus posesiones. Se rigen por esta idea: "eres lo que tienes".

Otros más le dan el valor de la seguridad. Para ellos, la seguridad financiera significa seguridad emocional. Utilizan el dinero para defenderse de eemociones desagradables, como el temor, las preocupaciones, la ansiedad o la soledad.

> "No estimes el dinero en más ni en menos que lo que vale, porque es un buen siervo y un mal amo."
>
> ALEJANDRO DUMAS

— **El dinero como alusión al poder.** Están los que tratan de conseguir poder a través del dinero, poder para hacer lo que quieran, ir adonde deseen o evitar hacer lo que les disgusta. Usan ese poder para ponerse por encima de los demás. Al ser el dinero un recurso que puede perderse con facilidad, basar la propia fuerza en él nunca es una buena idea. Cuando lo pierde por completo, la persona se derrumba pues ha perdido su fuente de poder. Esto explica algunos casos de suicidios ante la quiebra económica.

— **El dinero como representante de la autoestima.** Existen personas que, a través de la riqueza, buscan aceptación social y luchan con todas sus fuerzas por ganarse un lugar en la sociedad. Son personas altamente competitivas, cuya autoestima está basada en la admiración de los demás, dispuestas a gastar grandes sumas para agradar a otros.

Es buena idea que te detengas por un momento a pensar qué constituye para ti el dinero, cuáles son tus creencias personales alrededor de él y qué esperas conseguir por medio del capital. Nuestra historia familiar determina la actitud que tenemos hacia el dinero y las deudas. La buena o mala relación que nuestros padres tienen con el dinero nos afecta. En la siguiente historia de vida, Martín nos cuenta cómo tomó de su padre muchas de las ideas sobre el dinero, la pobreza, lo suficiente, el uso de las tarjeta de crédito y la abundancia.

El día que no tuve deudas
Martín

Dejé la escuela muy joven, a los 16 años de edad, para trabajar como ayudante en una oficina de correos, porque mis padres, una pareja de edad madura y con permanentes problemas económicos, ya no podían pagar mis estudios y los de mis otros hermanos.

Aunque estaba motivado con la escuela, el apremio económico era más importante en ese momento y yo quería ayudar: mi padre, un pequeño comerciante de alimentos en el centro de mi ciudad, había perdido una gran cantidad de dinero en deudas infinitas y casi todas absurdas, como negocios imposibles, artículos que no sirvieron jamás y el juego, las apuestas. Mientras tanto, la familia, sin más ingreso que el suyo, estaba al borde del colapso, por más esfuerzos que hiciera mi madre para evitarlo.

Recuerdo que los primeros meses en mi trabajo fueron un alivio para la familia. El ingreso, si bien no era cuantioso, sí ayudaba para nivelar la situación, mientras mis hermanos completaban la instrucción elemental y lográbamos todos mantenernos a flote.

Después de un par de años de vivir en esas condiciones logramos superar la emergencia, pero yo comencé a seguir el ejemplo de mi padre: el juego y las compras inútiles. El dinero era lo de menos.

Sin meditarlo, a escondidas de mis padres me hice de una tarjeta de crédito bancaria, con la idea de que mi familia no notara los estragos económicos de mi nueva afición. Compré equipos de sonido, televisores, consolas de videojuegos, CD, DVD, cientos de artículos inservibles, cuya adquisición disfrazaba como regalos.

Aun cuando hubo ocasiones en que llegué a perder todo mi salario en artículos y apuestas, con mi tarjeta lograba llevar a casa el dinero necesario. Como si el crédito fuese un fondo mágico que, de la nada, hiciera aparecer el dinero en mis manos.

Pagaba los saldos mínimos de la cuenta cada mes, pero la deuda aumentaba. En apenas tres años estaba endeudado por completo. Hasta que algo sucedió una tarde.

Mi madre, quien siempre se dedicó al hogar y, en la medida de lo posible, hacía prodigios con el dinero que le dábamos mi padre y yo, descubrió en uno de mis pantalones una copia de mi estado de cuenta más reciente: debía alrededor de tres años de mi sueldo.

Preocupada porque yo repitiera la historia de mi padre, esa noche

me habló como nunca lo había hecho. "Tienes que saber cuándo es suficiente, hijo. Tienes que entender cuándo un gusto, por barato que parezca, puede convertirse en algo demasiado costoso como para permitirte vivir feliz", me dijo. "El valor del dinero es todo lo que te cuesta ganarlo, conservarlo, hacerlo producir tu bienestar."

Lleno de vergüenza, acepté mi problema. Decidimos buscar juntos una solución. La primera fue definitiva:

destruir la tarjeta de crédito. Con mucha paciencia me enseñó su modo de organizar el dinero para poder pagar mi deuda poco a poco y cubrir también todos los gastos necesarios. Al mismo tiempo, me pidió regresar a la escuela. La emergencia familiar había pasado y, si me mantenía ocupado en las clases y en el trabajo, no tendría espacio para el juego. Me recordó lo que era ahorrar, un hábito que no quise aprender. Y también me impuso un reto: comprar mi primer automóvil, pero con base en el ahorro.

Pensé que no lo lograría, pero con su apoyo pronto empecé a respirar aliviado. Así como antes mi dinero ayudó a mi padre a evitar el colapso de la familia, ahora mi madre lograba ayudarme a mí a evitar mi propio derrumbe. Volví a comenzar.

El resto es historia. Después de casi dos años de esfuerzo y trabajo pude liquidar el total de mi deuda bancaria, con mi compromiso de no volver a caer en ese error. En ese lapso, además, cambié mis aficiones cuantiosas por gustos más simples: el futbol los fines de semana, alguna salida al cine, convivir con mis amigos en casa para evitar gastar en exceso. Sí he comprado cosas, claro, pero con conciencia, con medida. Debido a que me concentré en estudiar y en cumplir con mi trabajo, pronto pude conseguir una buena beca que me proporcionó recursos adicionales.

Ahora, cuando pienso en aquella experiencia, en la angustia que padecí por las deudas, por el dinero que se me iba de las manos, me siento agradecido de haber podido cambiar a tiempo y haber aprendido algo importante: que mi dinero vale mucho para mí, porque dedico muchas horas de mi vida a ganarlo.

La historia de Martín demuestra que es posible superar los condicionamientos y las creencias con que crecemos respecto de la abundancia, el dinero, el crédito y el ahorro. Estar siempre endeudado lo anclaba a una vida de escasez perpetua. Cuando descubrió el valor de una vida frugal y del ahorro, su vida cambió. Fue entonces cuando pudo hacer lo que más le gustaba: continuar con sus estudios. Al vivir sencillo, que no significa vivir con un sentimiento eterno de escasez, sino al contrario, con un sentido de tener suficiente, encontró la buena vida y la libertad.

¿En qué inviertes tu energía vital?

Vicki Robin y Joe Dominguez, autores de *Your Money Or Your Life*,[1] proponen un programa de nueve pasos para simplificar las finanzas y lograr la independencia financiera. Ellos consideran que el dinero es algo que conseguimos a cambio de nuestra energía vital. Intercambiamos nuestro tiempo de vida por dinero y, una vez que lo obtenemos, elegimos en qué gastarlo. De ahí la importancia de cuidar cómo lo empleamos, pues damos nuestro bien más preciado, un recurso limitado e irrecuperable: nuestra vida, el tiempo que tenemos destinado en este mundo, a cambio de metálico y papel.

> "Saber cuando uno dispone de lo suficiente es ser rico."
>
> LAO TSÉ

La energía vital es el esfuerzo y el tiempo que invertimos en el trabajo para así poder comprar bienes y servicios. Por eso es trascendental que revisemos nuestros patrones de consumo para evitar el gasto excesivo y, con ello, cuidar de nuestra energía vital. Por ejemplo, despilfarrar en lo que puede traer satisfacción inmediata y superficial, pero que no contribuye a la satisfacción duradera, es no valorar el tiempo y la energía de vida. Con cierta frecuencia me encuentro con personas que desean tomar una terapia pero que dicen no poder costearla, cuando por otra parte derrochan el dinero en bares y restaurantes caros. Es una cuestión de prioridades.

Y tú, ¿en qué inviertes tu energía vital? ¿Te entregas al consumo desenfrenado, sin detenerte a planificar tus gastos o a reflexionar si lo que compras es una verdadera necesidad o solo un deseo pasajero? Valdría la pena que te preguntaras si los bienes y servicios que

---

[1] Ob. Cit.

adquieres son proporcionalmente satisfactorios a la energía de vida invertida; es decir, el tiempo y energía que te cuesta ganar el dinero. Muchas veces, yo lo sé por mi propia experiencia, el beneficio y la inversión no están a la par en absoluto. Otra reflexión sobre la forma como usas tu energía vital es si tus gastos están relacionados con el propósito de tu vida. Es esencial que tengas claro cuál es este propósito.

¿Cuánto es suficiente?

Una de las formas como puedes simplificar tus finanzas es actuar de manera inteligente en lo referente a tu economía, conocer cuántos recursos ingresan a tu bolsillo y en qué inviertes tu valiosa energía de vida. Además de la planeación de recursos que puedes hacer, una vez que te has dado cuenta de las fugas de capital por gastos innecesarios, está la reducción de tus egresos. Esta disminución, que se basa en la idea de que menos es más, es algo similar a

> "La sociedad de consumo nos ha hecho sentir que la felicidad reside en tener cosas, y ha olvidado mostrarnos la felicidad de no tener demasiado."
>
> ELISE BOULDING

lo que he sugerido antes para el buen manejo de las posesiones, las actividades y los compromisos. Respecto de las cosas materiales, eventos y gastos, es importante encontrar la medida personal de satisfacción para saber cuánto es suficiente. Esto, claro está, con toda honestidad y siempre con la idea en mente de que, al reducir, simplificamos nuestra vida. Hay que recordar que, en la vida sencilla, más no siempre es mejor.

Para algunas personas puede ser difícil decidir cuánto es suficiente, por lo que aquí hay algunas reflexiones que podrían servirte para establecer tu propia medida personal de suficiencia e integrarla a tu vida.

Suficiente es lo que en realidad necesitas para satisfacer tus necesidades básicas y además hacer lo que disfrutas. Esto forma parte de una vida más sencilla. Vivir de manera cómoda pero modesta significa consumir para cumplir con tus necesidades primordiales sin limitar tu capacidad de disfrutar de la vida o de lo que te gusta. ¿Por qué está ligado el consumo a la capacidad de disfrutar? Porque los problemas financieros, derivados de comprar más que lo que podemos pagar o necesitamos, generan endeudamiento, lo que a su vez origina tensión y hace que nuestra capacidad de gozo disminuya. Cuando tenemos problemas financieros perdemos libertad, por ejemplo, para cambiar de giro profesional o de ciudad. Las deudas nos atan al trabajo. Son una carga difícil de llevar que nos obliga a pagar algo que pronto olvidamos, como en el caso de las compras por impulso. Muchas veces compramos y nos endeudamos para evitar el sentimiento de escasez o para negar el dolor o el enojo, la tristeza, la pérdida o la soledad. Nada más contraproducente, pues aquello que adquirimos, por lo regular a crédito, tiene un efecto de bienestar fugaz. Al final terminamos por deber dinero e insatisfechos, pues la deuda reduce nuestra capacidad para disfrutar.

> "La riqueza es como el agua salada; cuanto más se bebe, más sed da."
>
> ARTHUR SCHOPENHAUER

El mundo circundante nos enseña que estar satisfechos con poco no está bien. De ahí el consumismo proliferante. Es como si tuviéramos que cumplir con lo que se espera de nosotros. Las frases autoexigentes que tienen detrás la idea de que "deberíamos" cumplir con tal o cual cosa, nos llevan a actuar de formas que ni siquiera estamos convencidos de querer aplicar. Todo porque actuamos de manera automática, sin detenernos a pensar de dónde provienen esas creencias. Con frecuencia, actuamos como si debiéramos cumplir con las expectativas de

> "Buscad lo suficiente, buscad lo que basta. Y no queráis más. Lo que pasa de ahí es agobio, no alivio; apesadumbra en vez de levantar."
>
> SAN AGUSTÍN

otros. Es evidente que la presión social incide en nuestro deseo de tener más. Se nos presiona para que alcancemos "cierto nivel" y se promueve la competencia por quién tiene el último modelo del teléfono inteligente, quién pudo ir al concierto que costaba miles de pesos, qué tipo de ropa hay que vestir. No quiero decir que desear estas cosas está mal, sino que no está bien hacerlas para obtener aprobación social.

Valdría la pena hacer un análisis a conciencia y decidir qué cosas compras o haces como respuesta a un verdadero deseo, porque son importantes para ti, y cuáles "necesidades" te han sido impuestas. Esto forma parte de resolver por qué queremos tener más y más.

El sentimiento de suficiencia está ligado al grado de felicidad que tenemos. ¿Alguna vez has tenido la experiencia de suficiencia? ¿Has sentido que lo que tienes es todo lo que necesitas, que estás completo? Si es así, cierra tus ojos y recuerda esos momentos y las sensaciones que los han acompañado. Por lo general es una sensación de que estás pleno, de que la vida es buena, como cuando has comido un delicioso platillo y estás satisfecho: sabes que no comiste demasiado ni poco. Justo lo suficiente. En mi caso, hay un lugar, en la playa, donde siento que tengo todo lo que necesito y que se ha convertido en mi refugio. Siempre que necesito sentir que estoy en paz con el mundo, voy a esa playa o lo hago en mi imaginación. De igual manera, estoy seguro de que tú también has tenido experiencias de suficiencia. Es curioso, según la información que he recolectado con un buen número de personas, que este tipo de vivencia no requiera de un gran gasto o de sofisticación alguna.

Una clave para alcanzar el sentido de suficiencia es el agradecimiento. La gratitud nos da una mayor satisfacción en la vida, pues nos permite concentrarnos en pensamientos más optimistas y nos hace más conscientes de todo lo bueno con que contamos. También nos da una sensación de abundancia porque nos enfocamos en lo que tenemos y no en lo que nos falta. En la oración más representativa de la religión católica, el Padre Nuestro, se pide solo el pan de cada día, no se hace una lista interminable de peticiones. Es solo eso, lo que corresponde para ese día. Solo lo suficiente. En yoga se invita a renunciar a la necesidad de obtener más y a la eliminación del deseo. *Santusha* es el nombre que se le da a esta renuncia. En esta disciplina, los movimientos, las posturas, las prácticas de respiración y

> "No desees y serás el hombre más rico del mundo."
> MIGUEL DE CERVANTES SAAVEDRA

concentración contribuyen a lograr un estado físico de suficiencia y felicidad. El Buda inició una búsqueda para detener la incesante insatisfacción que nos aqueja, logró encontrar la respuesta y fundó una religión, basada en sus descubrimientos, que produce paz y alivio en miles de personas.

La vida simple es una vida frugal, en la que se disfruta de lo que está al alcance. Como dicen por ahí: "si la vida te da limones, haz limonada". El practicante de la simplicidad goza de una jugosa fruta al igual que de una comida *gourmet*; disfruta de lo que tiene y no se siente ansioso por lo que no tiene;

> "Quien cambia felicidad por dinero no podrá cambiar dinero por felicidad."
> JOSÉ NAROSKY

renuncia a tener grandes bienes materiales, los aprecia sin afán de poseerlos. Así, puede ver un hermoso abrigo en un aparador, un nuevo modelo de cafetera, figuras decorativas o el juguete de moda y disfrutar de su existencia sin que surja su deseo de comprarlos. Deja de comprar lo innecesario y se contenta con lo pequeño, lo sencillo. Para disfrutar del mar o de la montaña, sabe que no tiene que ser dueño de ellos.

¿El dinero compra la felicidad?

Invertimos mucho tiempo en pensar en la felicidad y el dinero, en intentar obtenerlos o incrementarlos. Para muchos, el dinero compra la felicidad y consideran que quienes no lo tienen en abundancia son desgraciados. Como afirmaba Voltaire, el filósofo francés: "Las personas que creen que el dinero lo hace todo, terminan haciendo todo por dinero".

Otros piensan que quizás el dinero no trae la felicidad de forma directa, pero que contribuye en alguna medida a conseguirla. Sostienen que, si bien es posible ser feliz con menos, tener más dinero nos hace más felices. Coinciden con el periodista y escritor español Josep Pla en que "el dinero no da la felicidad, ciertamente; pero tampoco es un serio obstáculo".

Hay otras posturas respecto de la relación entre dinero y felicidad que contrasta con las anteriores, las de algunos expertos:

— Daniel Kahneman, quien obtuvo el premio Nobel de Economía en 2002, llegó a la conclusión de que "la creencia de que un ingreso alto está asociado a la felicidad es exagerada y meramente una ilusión".[2] El dinero puede causar felicidad, pero solo hasta cierto punto, de manera muy limitada.

— El investigador de la Universidad de Minnesota, David Kykken, asevera que "la gente que va a trabajar con overol en el autobús es tan feliz, en general, como quien van a trabajar de traje a bordo de un Mercedes Benz".[3] A veces un jardinero o un cocinero tienen sonrisas más auténticas que quien posee grandes riquezas.

— El psicólogo Ed Diener y sus colaboradores,[4] quienes han investigado el tema de la felicidad por más de 25 años, llegaron a la conclusión de que los estadounidenses más ricos son solo un poco más felices que la persona promedio. Este resultado es sorprendente, pues se cree que el poder adquisitivo de los ricos les da acceso automático a mayores satisfacciones.

---

[2] Kahneman, Daniel, *Thinking, Fast and Slow*, Farrar, EUA, Straus and Giroux, 2011.

[3] Andrews, Cecile, *Slow is Beautiful: New Visions of Community, Leisure and Joie de Vivre*, Canadá, New Society Publishers, 2006.

[4] Diener, Ed, *et al*, *Happiness: Unlocking the Mysteries of Psychological Wealth*, Oxford, Blackwell, 2008.

— Sharon Begley,[5] en un artículo de *The Wall Street Journal*, reporta: "Con seguridad, el ingreso económico es un indicador preciso de bienestar cuando se incrementa de, supongamos, una situación de desamparo a un puesto de conserje, porque el salto en la escala económica satisface necesidades básicas como techo y comida. Sin embargo, cuando se trata de un incremento en el ingreso de alguien que ya tiene satisfechas sus necesidades elementales, el dinero extra no compra mucha más felicidad".

— Martin Seligman,[6] destacado investigador en el campo de la psicología positiva, después de analizar más de 150 estudios sobre la riqueza y la felicidad, sostiene respecto de Estados Unidos que "a pesar de que la riqueza se ha incrementado considerablemente en las últimas décadas, no ha habido un incremento en la felicidad... y sí un aumento importante en la depresión y la desconfianza".

— John Robbins, autor de *The New Good Life*,[7] asevera que el dinero parece ser como la cerveza: a muchos les gusta, pero más no es necesariamente mejor. Una cerveza puede mejorar tu estado de ánimo, pero beber diez cervezas no amplifica tu felicidad diez veces. Es más, podría ni siquiera intensificarla. Aun así, seguimos pensando que tener más cosas que las que el capital puede comprar va a hacernos más felices.

¿Qué nos hace felices?

Si bien el dinero no es suficiente para ser feliz y tampoco es el único ingrediente de la felicidad, parece que sobreestimamos el impacto que tiene en nuestra vida. Los investigadores Jing Yang Zhong y

---

[5] Begley, Sharon, "Wealth and Happiness Don't Necessarily Go Hand in Hand," *Wall Street Journal*, 13 de agosto, 2004.

[6] Seligman, Martin, *Authentic Happiness: Using the New Positive Psychology to Realize Your Potential for Lasting Fulfillment*, EUA, Atria Books, 2004.

[7] Robbins John, *The New Good Life: Living Better Than Ever in an Age of Less*, EUA, Ballantine Books, 2010.

Vincent-Wayne Mitchell reportaron, en el número de abril de 2010 del *Journal of Consumer Psychology*, que aproximadamente 50% de la felicidad tiene su origen en factores genéticos que afectan la personalidad. Nacemos con cierta predisposición a un nivel de felicidad que tiene que ver con el temperamento. Diez por ciento de la dicha está determinado por cuestiones circunstanciales: experiencias personales, ocupación, salud, ingreso económico, creencias religiosas o estado civil. El 40% que resta depende de factores del comportamiento; es decir, de lo que hacemos para ser felices. Estas conductas son intencionales. Según estos números, **gran parte de la responsabilidad de nuestra felicidad recae en las decisiones que tomamos y en lo que hacemos.**

> "El que no considera lo que tiene como la riqueza más grande, es desdichado, aunque sea dueño del mundo."
>
> EPICURO DE SAMOS

Está claro que no podemos cambiar nuestra genética. Muchas de las cuestiones circunstanciales están fuera de nuestro control. Entonces, **las actividades voluntarias son las que pueden incrementar nuestro nivel de felicidad.** La voluntad está bajo nuestro control, aun cuando se vea manipulada por creencias o condicionamiento social. Las cosas que hacen felices a las personas son: la conexión que tienen con sus seres queridos, encontrar placer y fluir en las actividades que les gustan y convivir con la naturaleza. Es lo que se ha encontrado a través de numerosas entrevistas con personas alrededor del mundo.

Saber que gran parte de la felicidad depende de lo que hagamos para conseguirla y de nuestras actitudes incrementa nuestra probabilidad de ser felices. Podemos ya dejar de ser "víctimas" de la infelicidad.

Lo que hacemos con el dinero cuenta... y mucho

En qué gastamos el dinero es otro factor importante que hay que tomar en cuenta si queremos simplificar las finanzas e incrementar nuestra sensación de felicidad. El doctor Michael Norton,[8] profesor de Harvard Business School, opina que "si piensas que el dinero no puede comprar la felicidad, entonces no lo estás gastando de la manera correcta". A través de sus experimentos y estudios, el profesor Norton concluye que podemos tener dos actitudes hacia el dinero: anti-social y pro-social.

La actitud anti-social es egoísta, pues consiste en gastar en uno mismo, mediante la adquisición de bienes, o simplemente guardarlo. No es que esté mal hacernos de lo que necesitamos. Sin embargo, muchas de las cosas que implican grandes gastos, como un automóvil último modelo o una casa grande y lujosa, no parecen producir mucha más felicidad. Es un mito que la dicha se derive de estos símbolos de estatus. Cuando invertimos en bienes materiales, el placer está más en comprarlos que en gozarlos. Cuando ya los poseemos, desarrollamos nuevas expectativas y comenzamos a desear lo que compraremos a continuación. Los fabricantes lo saben, lo aprovechan y nos ofrecen nuevos modelos una y otra vez. Si bien la actividad de comprar puede ser muy placentera, pronto se le pierde el gusto a lo que adquirimos y además trae consigo el riesgo de perder el gusto por los placeres simples de la vida: los días soleados, la naturaleza, el sabor de una bebida fría o de una barra de chocolate.

> "El más rico es aquel cuyos placeres son los más baratos."
> HENRY DAVID THOREAU

> "La riqueza consiste mucho más en el disfrute que en la posesión."
> ARISTÓTELES

La actitud pro-social es *ecológica* y consiste en gastar el dinero en alguien más o en experiencias placenteras; por ejemplo, por medio de donaciones, regalos para quienes amamos y momentos de convivencia, como una reunión con amigos. Lo ofrecido no tiene que ser

---

[8] Norton, Michael, *Happy Money: The Science of Smarter Spending*, EUA, Simon & Schuster, 2013.

algo grande o costoso, basta con un pequeño detalle: un café caliente para el que lo necesita, una flor para quien cumple años. La mejor forma de gastar el dinero es compartirlo con otras personas, pero sin descuidar las propias necesidades. Gastar en otros es un signo de generosidad y amor, por lo que esta forma de invertir tiene un mayor impacto en nuestra felicidad.

Las experiencias que obtenemos de esta manera crean recuerdos y se extienden a lo largo del tiempo. Cuando tenemos vivencias que incluyen a otros, como una excursión de fin de semana, una cena o un café con amigos, visitar un museo, un concierto, una clase de pintura o baile, las relaciones se fortalecen. Se ha descubierto que varias situaciones menores o sencillas crean mayor felicidad que un gran evento, que por cierto con frecuencia resulta costoso. Por ejemplo, comprar boletos económicos para varios eventos genera más felicidad que comprar boletos para uno muy costoso. Claro está, hay que tener un presupuesto bien definido, porque gastar más que lo que tenemos produce estrés y genera preocupación.

> "Las deudas son como cualquier otra trampa en la que es muy fácil caer, pero de la que es dificilísimo salir."
>
> GEORGE BERNARD SHAW

El dinero es un medio, una herramienta. Con un martillo puedes construir o destruir. Al igual que con las herramientas, no hay nada intrínsecamente malo en la abundancia económica. **El problema surge cuando olvidamos que el dinero es solo un instrumento, cuando lo tomamos como un fin en sí mismo.** Es entonces que surgen la ambición y la codicia. La riqueza no es mala en sí misma, lo que hace daño es el deseo ansioso de tenerla y sufrir si no la tenemos. Como decía Gandhi: "El capital no es un mal en sí mismo, el mal radica en su mal uso". Toma en cuenta las siguientes ideas:

— Una buena administración de tus recursos económicos te da libertad en tiempo y posibilidades.

— Haz un presupuesto. La planificación es una excelente herramienta para priorizar y distribuir el dinero. Es esencial distinguir entre las necesidades básicas y las compras por deseos pasajeros o caprichos.

— Gasta de acuerdo con tus medios; vive dentro de tus posibilidades.

— Compra solo lo que necesitas y, si te sobra, ahorra. Una vez leí, con desconfianza, que es posible ahorrar hasta 25% de los ingresos que tenemos. En mi caso personal, con sorpresa descubrí que sí es posible. Solo hay que proponérselo.

— Procura tener un fondo para emergencias. Puede ser una pequeña contribución mensual que te ayude ante los eventos impredecibles de la vida, como urgencias médicas o pérdida del empleo.

— Utiliza efectivo o tarjetas de débito. El mal uso de tarjetas de crédito promueve el endeudamiento y te lleva a convertirte en un esclavo del mismo.

— Evita utilizar las compras como pasatiempo, para socializar, como recompensa, como antidepresivo o para afirmarte.

Llevar una vida sencilla y frugal te permite hacer mucho de lo anterior, además de que te ofrece la posibilidad de perseguir tus sueños. Te abre a la sencillez, a la claridad, a lo simple: propiedades que le dan energía, vivacidad y alegría a nuestra vida.

Ahora descubrirás un bello y útil mensaje en una historia. Prepárate para la lectura con un par de inhalaciones y exhalaciones lentas y profundas. Escucha los sonidos que te rodean. Haz consciente tu respiración. Contacta con tu cuerpo, con tu peso y con lo que percibe tu piel. Presta atención a los latidos de tu corazón. Disponte a conectarte con los personajes, a aprovechar el mensaje que la historia tiene para ti y a encontrar inspiración en este relato.

Para reflexionar sobre la vida simple
La ventana y el espejo

Esta es una vieja leyenda, de esas que contienen mensajes que, como por arte de magia, llegan justo en el momento más oportuno. En un lugar apartado de la civilización vivía un maestro zen cuya sabiduría compartía con quien solicitara su ayuda y estuviera dispuesto a hacer el largo viaje hasta la lejana montaña donde se había establecido hacía ya muchos años.

Allí recibía a quienes deseaban dar un sentido a su vida y a quienes no encontraban respuestas en otra parte. Una fresca mañana de primavera llegó hasta el maestro un joven que, a juzgar por su elegante vestimenta y por el hermoso caballo que montaba, poseía grandes riquezas. Con la gentileza con que acostumbraba tratar a todas las personas, el maestro lo hizo pasar y le ofreció su ayuda.

—Me gustaría escuchar su consejo, gran maestro, porque no encuentro la paz y armonía que me gustaría tener. Me siento vacío, solo —comentó el joven.

El maestro pudo notar la falta de alegría en sus ojos.

—No es que me falte algo —continuó el visitante—, pues mi padre ha puesto a mi disposición todo el dinero y facilidades para sacar adelante nuestras tierras cuando tenga que sucederlo. Tengo grandes cualidades, como la valentía y la capacidad para guiar a nuestra gente. Pero hay algo que me impide encontrar la felicidad.

Sabiendo a la perfección a qué se refería el joven y qué necesitaba, el maestro le contestó:

—Podría recomendarte, como hacen algunos maestros, que te deshagas de todas tus posesiones, que entregues tu dinero a los desventurados que lo necesitan y que vayas a vivir a un paraje lejano, pero esta solución no es para todos. No todas las personas quieren o pueden dedicar su vida solo a cultivar su espíritu. Además, tienes a tu familia que te quiere y tu padre ha depositado su confianza en ti. Me parece que necesitas una solución diferente. Sígueme, que te voy a revelar un importante secreto.

Muy pronto se encontraban en una sobria habitación donde se respiraba silencio y serenidad. Entonces, el maestro pidió al opulento heredero que mirara a través del cristal de una de las ventanas.

—¿Qué ves? —inquirió el maestro.

—Veo cómo los árboles se mecen con el viento, las flores recién nacidas cuyo color contrasta con el verde las hojas y algunos pájaros que vuelan y otros que se hacen arrumacos. Veo la suave hierba sobre la que está parado mi negro corcel —describió el visitante, de acuerdo con las instrucciones del maestro.

En seguida, el gran sabio dijo:

—Bien. Ahora quiero que mires a través de esta ventana y me digas qué ves.

De forma casi inmediata, el visitante respondió con firmeza:

—Pero esto no es una ventana. Es un espejo.

—Así es —afirmó el maestro—. Dime qué ves en el cristal.

—Me veo a mí mismo, maestro -contestó el rico heredero.

—Exacto. Te ves a ti mismo, solo a ti mismo. ¿Sabes en qué difieren la ventana y el espejo? En que la ventana tiene un cristal transparente y el espejo tiene una capa de plata sobre el cristal para poder reflejar las imágenes. Y escucha esto muy bien: cuando hay plata de por medio, dejamos de ver a los demás y solo nos vemos a nosotros mismos. Esta es una enseñanza que puede servirte para toda la vida. No dejes que la plata ciegue tu visión y te impida ver a las personas que te rodean y el hermoso paisaje que hay a tu alrededor.

"No tienes que renunciar a tus riquezas ni a tu posición, pero sí es muy importante estar atento a lo que haces con tu fortuna, ya sea grande o pequeña. Voltea a ver a los demás. Esa es la auténtica riqueza que traerá dicha y paz a tu vida. Solo al compartir con otros alcanzarás la felicidad."

En el camino de vuelta a casa, el acaudalado joven seguía escuchando esas sabias palabras en su cabeza. Sobre su flamante caballo, con el tesoro que el gran maestro había compartido con él y lleno de agradecimiento, el rico heredero tenía en su rostro una sonrisa que, por primera vez en mucho tiempo, brotaba desde el fondo de su corazón.

Hay quienes condenan el dinero y sugieren que nos desprendamos de él, que eliminar nuestra riqueza y dedicarnos a cultivar el espíritu trae la tan ansiada armonía a nuestra vida. No creo que sea necesario repeler el dinero o la riqueza material para crecer en espíritu. Así como no es necesario retirarse a un monasterio budista en las montañas para ser personas que se rigen por valores como el amor, la compasión, el respeto o la libertad, tampoco es obligatorio vivir en la pobreza total para ser mejores personas. El dinero no está peleado con el desarrollo personal; ambos pueden coexistir y abrirnos el camino hacia la felicidad.

Si tienes riqueza material, no tienes que renunciar a ella para llevar una vida simple, de paz y armonía, pero sí es vital estar consciente del apego que puedes tener hacia este tipo de abundancia. Aferrarnos a lo material puede provocarnos mucho dolor, por su naturaleza volátil e impredecible: ahora lo tenemos y en otro momento nos falta. Si gozamos de la riqueza material, bienvenida. Pero si no gozamos de ella, no tiene por qué ser una tragedia. Mucha gente se las arregla día tras día con poco, durante mucho tiempo, y ha conseguido estar bien y disfrutar de la vida.

La cuestión es comprender que el dinero es un medio para obtener cosas valiosas: cubrir las necesidades básicas y ciertas comodidades que nos dan tranquilidad. Pero también podemos vivir experiencias gratificantes al compartir con otros lo que tenemos. En sí, esa es una de las grandes cualidades del dinero, que se puede compartir con los demás para crear buenas experiencias conjuntas de manera constante. Después de todo, una de las cosas que dan sentido a nuestra existencia es dar: compartir con los demás quiénes somos, lo que hay en nuestro interior, hacer partícipes a otros de lo que disfrutamos, poner a su disposición nuestra riqueza, solo por el placer de hacerlo. Brindar a los otros nuestro espacio y tiempo. Ofrecerles lo que alguien nos ha dado antes, en la forma de bienes materiales o como valores morales, es una forma de agradecer lo obtenido. Son precisamente las relaciones interpersonales y su relevancia el tema central del siguiente capítulo. Pero antes de continuar, revisa estos desafíos que podrían ayudarte a simplificar este aspecto tan relevante en el día a día.

¿Aceptas estos desafíos para simplificar tu vida?

1. Haz un cálculo de cuánta energía vital inviertes en obtener el dinero para comprar cada cosa o pagar por cada servicio. Calcula en términos de tiempo. Considera tiempo de transporte, dinero invertido, por ejemplo, en ropa y esfuerzo para hacer tu trabajo. Cada cosa o servicio que obtienes, ¿vale lo que pagas por él en términos de energía vital?

2. Pregúntate lo siguiente: ¿de qué formas podrías reducir tus gastos de tal manera que no sea necesario trabajar demasiado tiempo para pagar lo que consumes?

3. Observa y date cuenta de las ocasiones cuando haces gastos innecesarios porque te sientes bajo presión social. Si quieres dejar de hacerlo, el primer paso es hacerte consciente de tus conductas.

4. Haz un inventario de lo que posees, atesóralo y expresa a alguien más tu agradecimiento por ello. Así incrementarás tu sentido de suficiencia.

5. Invierte tu dinero en experiencias compartidas con las personas a quienes amas, en lugar de llenarte de bienes materiales.

Tus propios desafíos

Escribe cuáles retos te propones a partir de lo leído en este capítulo:

1. _____

2. _____

3. _____

4. _____

5. _____

"El que trata de obtener más que lo que necesita se impide disfrutar de lo que tiene. Consigue lo que necesitas y deja lo innecesario. Porque al dejar lo que no necesitas, descubrirás lo que en realidad necesitas."

SOLOMON IBN GABIROL

Cuida y fortalece tus relaciones

"En el fondo son las relaciones con las personas
lo que da sentido a la vida."

WILHELM VON HUMBOLDT

Es probable que ya sepas lo importante que es tener buenas relaciones para conseguir equilibrio en la vida. Sin embargo, a veces las complicamos. ¿Cómo lo hacemos? ¿Cómo evitan tus creencias que tus relaciones fluyan como el agua? ¿Qué guía proveen las tradiciones filosóficas y religiosas para simplificar y fortalecer tus relaciones?

Lo que da sentido a la vida

Cada vez me convenzo más de que lo importante en nuestro paso por este mundo son las relaciones que consolidamos. Al final de la vida, el amor y las relaciones afectivas que creamos terminan por ser nuestro mayor tesoro. A veces no nos damos cuenta del valor de las relaciones con familiares y amigos hasta que es demasiado tarde, hasta que la relación se ha dañado, se ha perdido o es irrecuperable.

Este es el valor que descubrió Elizabeth, la protagonista de la siguiente historia. En esta anécdota, Elizabeth cuenta cuán importante es estar rodeado de esas personas que nos entienden y aceptan sin condiciones; es decir, los viejos amigos, sobre todo en la adversidad.

Las verdaderas amigas

Elizabeth

Éramos amigas desde pequeñas. A lo largo de nuestra vida pasamos tantas horas juntas que nunca creí que pudiera ser distinto. Cuatro chicas que se conocen en el colegio, se comunican profundamente entre sí y afianzan una amistad que se prolonga por años. Por décadas.

Y éramos tan distintas Rocío, Elena, María y yo. Rocío era alegre y con inclinación hacia la pintura. Elena era muy dulce y soñaba con un príncipe azul. María era tranquila, quería ser maestra de escuela; mientras yo, Elizabeth, era intrépida y vivaz, siempre soñando con ser una gran mujer de mundo, una viajera.

Crecimos pendientes unas de otras y siempre tratamos de reunirnos a platicar por lo menos una vez por semana. El paso de niñas a mujeres, el encuentro con la vida, nuestras primeras aventuras amorosas, la universidad, nuestros esfuerzos por destacar, las bodas de ellas…, todo lo vivimos juntas, con la solidez de la confianza y el cariño que nos unían.

Cuando cambió todo, las tres se habían casado y Elena y María ya tenían a sus primeros hijos. Nos acercábamos a los treinta años de edad y yo era la única que permanecía soltera. Había logrado convertirme en una exitosa comunicadora y dedicaba a mi trabajo una buena parte de mi tiempo.

Me volví caprichosa y arrogante y quise imponer mis puntos de vista y mis condiciones al resto. Al fin, ellas eran amas de casa, no tenían ocupaciones tan importantes como las mías y era un privilegio para ellas ser mis amigas.

Recuerdo aún el primer conflicto: me molestaba que dedicaran tantas horas a hablar de sus hijos y a ellas les molestaba que yo bebiera y fumara delante de ellos. Las reuniones semanales comenzaron a convertirse en un infierno para mí, porque me sentía desubicada: no eran exitosas ni famosas y sus vidas eran un sinfín de asuntos domésticos que carecían de importancia para mí.

Cierta tarde, bebí más de la cuenta durante una de nuestras charlas y comencé a agredirlas verbalmente. Sin detenerme a reflexionar, las insulté, me burlé de sus vidas sencillas e incluso insinué que me avergonzaba ser amiga de mujeres que solo aspiraban a ser amas de casa. Las dejé atónitas. Me alejé de las tres. ¿Por qué sentía tanto rencor? Ni yo misma lo sabía. Simplemente me sentía superior. Durante meses intentaron comunicarse conmigo y no tomé sus llamadas. Me negué a contestar los correos electrónicos, sin entender que había sido yo quien las había agredido. No quería saber de ellas.

Casi tres años después, el médico me dio una noticia: cáncer. Fue un golpe demoledor para mí. Estaba sola. Comencé a luchar contra la enfermedad, sin avisarle a nadie más que a mis padres y a mis hermanos, hasta que los estragos en mi cuerpo se hicieron evidentes. Me sentía perdida.

Una tarde, mientras me recuperaba en el hospital, escuché un murmullo de voces que me parecieron conocidas. De pronto, desde mi cama vi cómo la habitación se llenaba de globos, de flores y, tras todo eso, aparecieron tres hermosas payasitas, con sus narices rojas, sus gorros multicolores y sus sonrisas. Eran ellas.

Comencé a llorar. Ellas se acercaron a mí y me colmaron de besos. Eran mis amigas, que estaban ahí para acompañarme. Ninguna de las tres hizo mención del incidente que nos separó y, en cambio, intentaban hacerme reír. Se me rompía el corazón.

—Perdónenme —dije, llorando.

Rocío se acercó a mí, me besó en la frente y contestó:

—Todo está bien, Liz. Te amamos.

Elena y María se unieron a nosotras y nos abrazamos. Había tal calidez en ese abrazo, tanto amor, que me sentí reconfortada. Plena.

Durante horas platicamos, reímos y recordamos lo felices que fuimos en la niñez. Cada tanto, yo me quedaba callada. Las observaba. Detrás del maquillaje, de las pelucas, de los gorros multicolores, estaban los rostros de tres de los seres más importantes en mi vida. Me hice una promesa: cambiar para merecer el inmenso amor que nos teníamos. Cambiar para no volver a perderlas jamás. Porque las amo.

Esta anécdota de Elizabeth nos transmite varios mensajes para recordar:

— No pierdas contacto con los amigos que más estimas.

— No permitas que la vida se interponga. Siempre debes saber dónde encontrarlos y hacerles saber que los aprecias.

— No temas sentirte vulnerable.

Esto lo descubrió Elizabeth a través de su experiencia, pero la enseñanza nos queda a nosotros. Las actitudes de Elizabeth dañaron la conexión que había entre ella y sus amigas. Por fortuna, ella pudo sanar las heridas que habían quedado abiertas, pero bien sabemos que no siempre es así: no siempre tenemos la oportunidad de cerrar ciclos que han quedado abiertos.

Es por ello que es trascendental cuidar nuestras relaciones y una forma de hacerlo es evitar que nuestra interacción con los demás se complique, aceptar sin condiciones a nuestras amistades y valorarlas. Mantener el contacto requiere atención a ciertos aspectos, cuatro de los cuales menciono aquí: las expectativas que nos formamos de la relación, las cargas emocionales que nos echamos a cuestas y que tensan el trato, las creencias irracionales que determinan nuestro comportamiento y el respeto por los demás. Revisemos cada una de ellas.

1. A grandes expectativas, grandes complicaciones

> "La causa de la mayoría de los problemas de relaciones humanas está en la falta de reconocimiento mutuo."
>
> Cieri Estrada Doménico

Cuando tenemos expectativas de los demás, sobre todo si son poco realistas o no han sido expresadas, podemos afectar nuestras relaciones, complicarlas y terminar desilusionados o enojados. Por ejemplo, los padres depositan sus expectativas en los hijos: esperan que el chico sea abogado como el padre o que la chica sea odontóloga como la madre. Los hijos que tienen la vocación para ello cumplirán con las expectativas de los padres, pero los que no, pueden ser vistos por sus progenitores como una fuente de frustración y tensión. Y todo porque los padres esperan que sus hijos los imiten o actúen como ellos consideran correcto.

Algunas personas tienen expectativas muy bien fincadas acerca de sus amigos y esperan que se comporten de cierta manera: que sean abiertos, cercanos, que los busquen con frecuencia o que tengan algunos detalles. A veces sus deseos se cumplirán, pero otras veces no. Cuando no es así, e insisten en que actúen de acuerdo con sus deseos, se puede generar mucha tensión o conflicto entre las partes involucradas.

Es fácil identificar nuestras expectativas de los demás porque se manifiestan por medio de quejas, aunque no literales: "si te importara, entonces actuarías como yo quiero"; "si yo te he ayudado, tú deberías hacer lo mismo". En todas las relaciones existen contratos implícitos, no hablados, que especifican lo que se espera del otro, con el pequeño inconveniente de que el amigo, compañero o familiar no está enterado de eso que asumimos como una obligación de su parte. Al no expresar esas expectativas, las posibilidades de que se cumplan disminuyen de forma drástica.

Aceptar las diferencias

Sin expectativas, entramos en una relación con apertura y libertad. No sabemos cómo van a resultar las cosas y está bien que así sea. El hecho de que una persona no actúe como nos gustaría, no necesariamente tiene que ser motivo de desilusión y amargura. Siempre tenemos dos opciones en este escenario: alejarnos o pedir a la otra persona que cambie su forma de actuar. Hay que tener claro que nuestro colega, amigo o hijo siempre tendrá la opción de cumplir nuestros deseos o no. Tiene la libertad de elegir y nosotros debemos estar conscientes de ello. Actuar así es un signo de madurez y responsabilidad, además de que simplifica las relaciones. **Actuar desde nuestras expectativas y aferrarnos a ellas complica y daña dichas**

relaciones. Esperar que una persona sea como la imaginamos nos lleva a evaluarla como "buena" o "mala", como "adecuada" o "inadecuada", y la encasillamos en ese rubro, para desde ahí relacionarnos con ella. De esta evaluación se derivan muchos conflictos.

> "Todos estamos llenos de debilidades y errores; perdonémonos recíprocamente nuestras tonterías: es esta la primera ley de la Naturaleza."
>
> Voltaire

Puedes simplificar tus relaciones si comunicas a los demás tus necesidades. Observa cuándo exiges que tus amigos, familiares o pareja cambien para cumplir con tus expectativas. Haz un esfuerzo para aceptar las diferencias entre tú y ellos. Acepta a las personas tal como son. Puede ser difícil, pero vale la pena.

> "La felicidad reside en vivir sin expectativas."
>
> Peter Cajander

Detrás de tus expectativas podría estar la suposición de que "la gente debe actuar de la forma como yo quiero que lo haga" y, ante esta perspectiva, Albert Ellis, el fundador de la Terapia Racional Emotiva, se pregunta: "¿dónde está escrito que los demás deben actuar en la forma en que deseamos que lo hagan? Puede ser preferible, pero no necesario".[1]

Aprender a vivir sin expectativas

Para simplificar tu vida, aprende a vivir sin expectativas. Aquí hay algunas acciones que puedes tomar para lograrlo:

— Acepta al otro tal como es.

— Lo novedoso y las sorpresas agradables e inesperadas contribuyen a la felicidad. Hay estudios que prueban que lo agradable e inesperado que nos sucede hace que nuestro cuerpo produzca más dopamina, sustancia que provoca mayores sensaciones de placer que cuando tenemos la seguridad de que sucederán.

---

[1] Ellis, Albert, *Usted puede ser feliz*, Barcelona, Paidós Ibérica, 2000.

— Deshazte de tu afán de control. Evita enojarte porque las cosas no salieron como habías anticipado. Toma en cuenta que puedes controlar tus reacciones, pero no la vida de los demás; por lo menos no sin consecuencias negativas para ti y los otros.

— Recuerda que la vida no siempre es justa. Ten en mente la siguiente frase del escritor Dennis Wholey: "Esperar que la vida sea justa solo porque tú eres una buena persona es como esperar no ser atacado por el toro solo porque eres vegetariano".

2. Viaja ligero de equipaje

Una forma de simplificar la vida es evitar echarnos encima cargas pesadas y deshacernos de lo innecesario. Me refiero a los resentimientos, rencores y hostilidad que guardamos a raíz de malas experiencias en la interacción interpersonal. Es increíble cómo a veces solo por un gesto, una "mala cara" o una reacción inapropiada de alguien, nos llenamos de animadversión y generamos enemistades y antipatía. Estas reacciones de nuestra parte nos llenan de sentimientos innecesarios y complican las relaciones familiares, de amistad, entre colegas y de pareja. En algunos casos las afectan hasta destruirlas.

> "La razón de vivir es tener buenas relaciones personales, tener gente a quién amar y respetar y que te amen y respeten."
>
> BRIAN TRACY

Es esencial que cuidemos todas nuestras relaciones, sobre todo las más cercanas. Si nos ponemos a analizar, las relaciones que tenemos con los demás, sin importar su naturaleza, son el tesoro más preciado. Al final, es lo que más disfrutamos y valoramos de cada una de las experiencias que tenemos en esta vida. Para relacionarnos de manera satisfactoria con los demás hace falta una gran dosis de tolerancia, comprensión y compasión. A veces es necesario no tomarse tan a pecho algunas de las actitudes que otras personas tienen. Podremos recibir críticas, consejos no solicitados, sugerencias, opiniones gratuitas, comentarios e insultos y ofendernos por ello, aunque también tenemos la opción de no hacerlo. Hay quienes tienen una piel muy delgada y permeable a estos comentarios. Hay quienes tienen una piel tan gruesa e impermeable que no se sienten afectados. También están los que, de manera selectiva, filtran la información: toman lo que les sirve y desechan lo que no.

> "Las palabras ofenden más que las acciones; el tono más que las palabras y el aire más que el tono."
>
> ALBERTINE NECKER SAUSSURE

Dado que ofendernos es un acto voluntario, está en nuestras manos maximizar la ofensa, responder de forma agresiva o decidir no ofendernos. **Somos responsables de nuestros sentimientos y nuestras reacciones.** Siempre tenemos la opción de aceptar o rechazar la ofensa, tal como lo expresa esta frase de Eleanor Roosevelt: "Nadie puede hacerte sentir inferior sin tu consentimiento". Así, nos corresponde solo a nosotros cargar con el maltrato o dejarlo a un lado.

Para llevar una vida sencilla es preciso reducir el conflicto con los demás. Una forma de hacerlo es mostrar comprensión y compasión. No, esta no es otra versión del ya conocido y comúnmente malinterpretado mandato "pon la otra mejilla". Se trata de comprender la actitud del otro, que no significa dejar que te pisotee, sino primero entender para después responder.

> "No es suficiente tener compasión solo por los que son agradables."
>
> RICHARD SUMMERBELL

Digamos que tu mejor amigo te contestó con agresividad cuando le hiciste una pregunta sobre su novia. Comprender con compasión significa considerar varias razones por las que pudo reaccionar así: quizás está pasando por un mal momento; lo más seguro es que su reacción no tenga que ver contigo; es probable que haya estado cansado o estresado; a lo mejor su inseguridad lo hace actuar de esa forma. Entender que tu amigo tiene su propia historia y motivaciones ajenas a ti evita que tu reacción también sea negativa.

Después de hacer estas especulaciones, todas posibles, es muy probable que pienses que no tienes por qué sentirte herido. Insisto: esto no quiere decir que debas aguantar malos tratos, sino solo que retrases tu respuesta para, más adelante, aclarar con la cabeza fría qué sucedió, expresarle cómo te sentiste y pedirle que no vuelva a actuar de manera ofensiva. Esto es como cuando alguien avienta una pelota que va directo a tu cabeza. Tu primera reacción es evadirla para que no te haga daño. Sin embargo, una vez que evalúas todas las alternativas, descubres cuál es la intención del otro y entonces eliges cómo responder.

> "Busca lo mejor en cada persona y en cada situación. Casi siempre lo encontrarás."
>
> BRIAN TRACY

Hacerles ver su actitud a los demás puede ser de utilidad, pues muchas veces, por increíble que parezca, no se dan cuenta de ello. Algunos solo conocen una forma de relacionarse que tú encuentras ofensiva. Toma en cuenta que es muy probable que su actitud no tenga que ver contigo. Pero cuidado, porque si tienes una reacción desproporcionada ante "la ofensa", es necesario investigar por qué te afecta tanto. Quizá se relacione con tu historia personal/familiar: recuerdos de reacciones pasadas similares que revives en el presente.

Para viajar más ligero por la vida, cuida tus relaciones y simplifícalas:

— Cuestiónate: ¿Esto con lo que me siento insultado es importante? ¿En verdad quiere decir lo que interpreté? Si no, ¿qué quiso decir? ¿Lo hizo con la intención de ofenderme?

— Ponte en los zapatos ajenos. Ve al otro con compasión, acepta su humanidad e imperfección y también la tuya. Asume que actuó sin mala intención, que puede ser torpe o estar mal aconsejado.

— Toma en cuenta todos los comentarios que te hacen. A veces adoptas una actitud defensiva porque te concentras demasiado en la forma como alguien te comunica sus ideas, te sientes ofendido y pierdes de vista lo que intenta decirte.

3. Desobedece a los "debería"

Complicamos nuestras relaciones al tener ideas rígidas, demandantes y autoritarias sobre cómo deben ser las cosas. Mediante estas ideas nos exigimos actuar de acuerdo con patrones establecidos o mandatos morales: "no debo enojarme porque, si lo hago, los demás se enojan"; "no debo expresar mis sentimientos en público" o "debo hacer todo perfecto".

Al imponernos estas obligaciones, nos tensamos, dejamos de ser auténticos y nos echamos una carga muy pesada. En términos físicos, la tensión se siente en la base del cráneo y en los hombros. El esfuerzo y la tensión mentales hacen que perdamos energía al tratar de cumplir con esas exigencias, cuando podríamos dedicar ese vigor a disfrutar más de la vida.

Exigirse en demasía, al tratar de cumplir con un ideal de perfección, puede llevar a la desilusión y, en casos más serios, a la depresión. Por ejemplo, cuando alguien dice, o más bien piensa: "no puede ser que a mis cuarenta años

> "La gente tiene motivos y pensamientos de los cuales no es consciente."
>
> ALBERT ELLIS

de edad todavía no haya obtenido mi grado de licenciatura" o "debo ser la esposa perfecta", evidencia ideas demandantes que bien se podrían parafrasear como: "una persona de cuarenta años de edad debe tener un grado de licenciatura" y "debo mantener la casa perfectamente limpia, cocinar, ayudar a los niños con su tarea y además atender a mi marido", lo que también significa: "no debo tomar tiempo libre o de ocio para mí misma". Entre las cosas que nos exigimos están: belleza, éxito, intelecto y fuerza.

Exigencias hacia adentro y hacia afuera

También aplicamos las demandas a los demás: "como eres mi pareja, debes hacerme feliz". Al asignar obligaciones a los otros, se tensan

> "Tu tiempo es limitado, de modo que no lo malgastes viviendo la vida de alguien distinto. No quedes atrapado en el dogma que es vivir como otros piensan que deberías vivir."
>
> STEVE JOBS

las relaciones pues a nadie le gusta que le digan cómo debe actuar o que se le imponga una obligación moral. Ahora bien, actuamos a partir de estos pensamientos sin darnos cuenta. No somos conscientes de que, detrás de las actitudes y acciones que tomamos, hay exigencias y creencias muy arraigadas.

Las cosas pueden ser mucho más sencillas y la vida más ligera si tan solo dejamos de exigir a nuestros hijos que actúen como nosotros lo haríamos o como aprendimos que deben actuar los hijos; si tan solo respetamos la individualidad de nuestra pareja y reconocemos las diferencias entre él/ella y nosotros; si tan solo entendemos que los demás no están en este mundo para cumplir con nuestras expectativas; si tan solo flexibilizamos nuestras ideas acerca de las relaciones o cuál es el papel que los demás juegan en nuestra vida.

Es una cuestión de respeto hacia uno mismo y los demás. Cuando nos demandamos una conducta intachable, nos maltratamos. De igual manera, cuando exigimos que los otros se porten de acuerdo con nuestros estándares, no respetamos su derecho a actuar, pensar y sentir como lo hacen. El respeto que damos a los demás y a nosotros mismos asegura relaciones sanas y fluidas, llenas de ligereza y sencillez.

Desafía tus creencias

A menudo, cuando usas la palabra "debo", significa "no quiero, pero me siento obligado a hacerlo". Y mi pregunta es: ¿hay alguien que te obligue? Solo tú lo haces, a través de tu tirano interior: ese aspecto tuyo, según menciona Fritz Perls (el creador de la terapia Gestalt), que está lleno de virtudes, que es ejemplar, autoritario y que siempre tiene la razón. Este tirano te exige y amenaza con ideas como: "si no actúas como yo mando, entonces nadie te querrá; no te irás al cielo". Entonces te obliga a tener siempre una solución rápida para cada problema, te impide sentirte cansado o enfermo o te ordena siempre actuar con eficiencia.

No todas las ideas que expresamos con la palabra "debería" implican un imperativo moral o una imposición. Es importante saber identificar cuáles dañan la relación con uno mismo y con los demás. Por ejemplo, la idea de que "debería comer más sano" carece de carga moral, a menos que lo piense como una creencia impuesta por alguien más que simplemente incorporé a mi repertorio sin analizarla.

Los "debería" que hacen daño son los que nos "tragamos" sin masticarlos, sin analizarlos, para después actuar con base en ellos. Cuando actuamos según estas ideas, caemos en "la trampa del debería". Hay que estar alerta a este tipo de pensamientos. **Observarlos y descubrirlos ayuda a quitarles el poder que les hemos otorgado.** Una vez identificados, podemos desafiarlos por medio de preguntas como:

> "Conviene tener en cuenta que muchas creencias se apoyan en el prejuicio y en la tradición."
>
> René Descartes

__ ¿En realidad debo hacerlo?

__ ¿Quién dice o decía que no debo actuar de esta forma?

__ ¿Con quién quiero quedar bien al actuar o dejar de actuar así?

Revisa en qué medida dependes de la aprobación y del afecto de los demás. En general, la necesidad de actuar como suponemos que tendríamos que hacerlo no responde a la realidad, sino a una fantasía que nos hemos creado. Cuestiónate:

__ ¿De quién tomé estas creencias?

__ ¿Es benéfico imponer estas creencias en mis relaciones con los demás?

__ ¿Cuál es el precio que tengo que pagar por hacer que otros actúen como yo digo?

Una forma de simplificar tus relaciones es ser consciente de tus "deberías". Puedes dejar de martirizar a tus seres queridos con las exigencias que les impones que, dicho sea de paso, resultan contraproducentes porque generan mucha hostilidad hacia ti. Para mejorar cualquier relación es necesario comenzar por uno mismo.

> "El ingrediente más importante en la fórmula del éxito es saber llevarse bien con las personas."
>
> THEODORE ROOSEVELT

Puedes apostar por la aceptación en lugar de la crítica. Detrás de un juicio está el deseo de imponer una forma de pensar, como cuando decimos que una persona habla mucho, el juicio es que "no debería hablar tanto". A quien tiene sobrepeso lo tachamos de glotón insaciable: "no debe comer tanto, debería adelgazar". Decimos al que no está casado: "deberías casarte". El común denominador de estas ideas es la diferencia entre la manera como actúan los demás y la forma como pensamos que deberían hacerlo.

Al aceptar la forma como actúa la otra persona, y el hecho de que no puedes cambiarla, se produce el verdadero cambio: te asumes como una persona tolerante y respetuosa, por lo que es muy probable que, en reciprocidad, obtengas lo mismo. Curiosamente, en la medida en que uno cambia para bien, los demás comienzan a tener actitudes más positivas. Puedes contribuir a tener mayor armonía en tu trato con otras personas con tan solo prestar atención a lo que demandas de ellas.

La vida es demasiado corta para llevar la carga pesada de los "deberías". Es momento de viajar más ligero, de permitirte una mayor flexibilidad y de relacionarte con el prójimo con la mayor levedad posible. Una forma de suavizar tu trato con otros es reemplazar los "debes…" por "me gustaría…". Por ejemplo, en lugar de pensar o decir: "debes tener detalles hacia mí", podrías decir: "me gustaría que tuvieras detalles hacia mí". Comprueba por tu propia experiencia si hacer este pequeño cambio en el lenguaje, que es reflejo de tu forma de pensar, tiene algún efecto positivo en tus relaciones.

4. La regla de oro

Hay una guía para las buenas relaciones que enfatiza tratar al otro con consideración y compasión. Es un precepto al que se adhieren las religiones y filosofías más extendidas en el mundo. Es la regla de oro, una pauta que involucra la empatía y la equidad. Siddhartha Gautama, el Buda, propagó la siguiente idea: "No trates a otros de maneras que tú mismo encontrarías hirientes". Jesús enseñó: "Todas las cosas que queráis que los hombres hagan con vosotros, así también haced vosotros con ellos". El profeta Mahoma, fundador del Islam, dijo: "Ninguno de ustedes cree verdaderamente hasta que quieran para otros lo que desean para ustedes mismos". Hillel el Sabio, una de las figuras más importantes en la historia del judaísmo, lo expresó así: "Lo que es detestable para ti, no se lo hagas a tu vecino. Esto es la totalidad de la Torá; todo lo demás es comentario".

> "Lo que tú mismo temes, no lo hagas a los demás. Lo que desees para ti, hazlo a los demás."
>
> HANS REINER

Los líderes religiosos no son los únicos que han utilizado este principio para facilitar las relaciones entre las personas. El presidente John F. Kennedy, en los tiempos de la segregación racial en Estados Unidos, pidió a sus compatriotas blancos que pensaran cómo se sentirían si fueran tratados como ciudadanos de segunda clase debido al color de su piel. El líder político de la India y defensor de la no-violencia, Mahatma Gandhi, invitaba a su pueblo a ir del discurso a la acción para mejorar como sociedad y ser las mejores personas que podían ser: "Sé el cambio que quieres ver en el mundo".

Esta simple regla puede hacer nuestras relaciones más armónicas y simplificarlas de manera extraordinaria. Relacionarnos con nuestros familiares con base en este criterio nos garantiza que habrá empatía, compasión y comprensión. Seguir esta pauta es como hacer un pacto de no agresión y de respeto máximo.

Este código se puede aplicar, por ejemplo, al trato que damos a los ancianos en el transporte público, a nuestros hijos en casa, a los que piensan diferente, a los desamparados. Habrá que preguntarse: "¿estoy dispuesto a que, si estuviera en su misma circunstancia, se me tratara de esta manera?".

> "El corazón de la persona frente a ti es un espejo; mira en él tu propia forma."
>
> MÁXIMA SHINTO

En situaciones que incluyen el uso público y privado de instalaciones se puede ver con claridad el trato que damos a los demás y el que esperamos de ellos. Cuestiones básicas como recoger de la mesa los materiales utilizados en la casa que compartimos con otros, o en la biblioteca, son un reflejo de cómo queremos ser tratados. En algunos lugares se nos invita a dejar el espacio tan limpio como nos gustaría encontrarlo, lo cual me parece una forma de recordarnos la regla de oro.

Aplicar este precepto en el terreno laboral puede hacer que las relaciones con clientes sean más respetuosas y empáticas, lo que contribuye a su satisfacción. Esto incluye ser honesto en relación con el precio, el tiempo de entrega y lo que el bien o servicio realmente ofrece. Cuando los médicos y especialistas de la salud se acercan a sus pacientes desde esta perspectiva, la ayuda que ofrecen se potencializa. Los profesores que tienen en cuenta la reciprocidad no agreden ni critican a los estudiantes; al contrario, muestran mayor respeto por ellos.

La regla de "plomo"

> "Mostrar cortesía y consideración hacia los demás es como invertir centavos y obtener dólares de ganancia."
>
> THOMAS SOWELL

A pesar de que tiene grandes bondades, muchos olvidan este principio legendario que facilita el trato con sus congéneres. Es más, muchos eligen algo completamente diferente a la regla de oro: "trata a los demás como temes que ellos te traten a ti". Así, agreden antes de que los agredan por temor a ser tratados de esa forma. Otros piensan: "para que no me ignoren, mejor yo los ignoro". Estas formas de actuar hacen muy complicadas las relaciones, sobre todo porque los agredidos o ignorados no entienden por qué el agresor actúa de esa forma. El que agrede para no ser atacado, por lo general termina por ser agredido, que es lo que en principio deseaba evitar. Esta regla, que algunos llaman de "plomo", también se aplica al abandono, sobre todo de la pareja: "para no sufrir porque podría abandonarme, mejor yo la dejo". Si se mantiene este patrón de conducta, no es difícil adivinar que quien piensa así, irremediablemente terminará por afectar sus relaciones y por vivir en soledad.

> "Tratar a los demás como uno quisiera ser tratado es el medio más seguro de agradar que yo conozco."
>
> CONDE DE CHESTERFIELD

Busca en tu interior

Debido a la sabiduría milenaria de la regla de oro y a su trascendencia, vale la pena meditar sobre su significado. Te sugiero que busques un lugar tranquilo, que cierres tus ojos por un momento y tomes varias respiraciones profundas. Lee algunas de las frases filosóficas incluidas aquí que se refieren a la regla de oro, repítelas varias veces o escríbelas. Detente en las palabras que llamen más tu atención y observa qué sentimientos surgen. ¿Qué aprendes acerca de ti mismo? ¿Qué aspectos de tu vida te gustaría modificar? ¿De qué forma? Si así lo prefieres, puedes hacer esta meditación de una manera más activa: escribe con tus propias palabras lo que entiendes acerca de esta pauta en las relaciones; dibuja, pinta o crea por medio de la escultura, la danza o el canto, las imágenes que surgen a partir de tu reflexión.

El principio es sencillo: para simplificar tus relaciones, trata a los demás como quieres que te traten a ti. Al hacerlo, no solo harás tu vida más ligera, sino que crearás bienestar, armonía, respeto y amor. Al tener consideración con los demás, promueves la repetición de una actitud de respeto y empatía, tan necesarias en nuestro mundo actual.

Ha llegado el momento de descubrir un bello mensaje en una historia. Prepárate para ello como ya has aprendido: inhala y exhala profundo y lento un par de veces. Enfoca tu atención en los sonidos que escuchas y en tu respiración. Hazte consciente de tu cuerpo y de las sensaciones que percibes. ¿Cómo late tu corazón? Ahora ya estás listo para conectarte con los personajes y para inspirarte en el relato. Acércate a la historia con la idea de que contiene un mensaje importante y útil para ti.

Para reflexionar sobre la vida simple
La hormiga y la cigarra

Eran los últimos días del otoño y, como preparación para el invierno, una hormiga trabajaba sin cesar. Es bien sabido que las hormigas trabajan duro y nuestra pequeña amiga no era la excepción. Recolectaba granos para almacenarlos y comerlos durante los meses del frío invierno. Además, acarreaba arena y trozos de ramitas de aquí para allá.

Un día, mientras el sol brillaba y las flores desprendían su aroma, la hormiga se encontró con una cigarra que cantaba y cantaba.

-Hola, hormiga. ¿No te cansas de tanto trabajar? Descansa un rato conmigo mientras canto algo para ti -propuso la cigarra a la afanosa hormiga.

-Me gustaría poder hacerlo, pero tengo que recoger provisiones para el invierno. No puedo entregarme a la holgazanería -le respondió la atareada hormiga, mientras transportaba los granos.

Así siguieron los días. Cada vez que la hormiga pasaba por ese lugar, se encontraba con la alegre cigarra, que una y otra vez la invitaba a descansar un rato y a escuchar su canto. La hormiga, por su parte, nunca aceptó su invitación, pero comenzó a agradarle toparse día a día con la cigarra y escuchar su canto, aunque fuera solo por poco tiempo. Es más, cuando salía diario a trabajar, esperaba con ansia el encuentro con su amiga, la feliz cigarra, aunque solo intercambiaran unas cuantas palabras, pues la hormiga tenía que trabajar.

Poco a poco, la hormiga se sintió más entusiasmada por contar con una amiga. Cuando, ya por la noche, descansaba para reponer sus fuerzas y continuar trabajando al día siguiente, pensaba en lo agradable que sería un día sentarse a descansar con su amiga la cigarra mientras ella le cantaba una canción.

La hormiga podía apreciar una buena voz y sabía que la cigarra tenía un dulce tono que la hacía sentir en armonía. Una de esas noches, la hormiga decidió aceptar la invitación de la cigarra y decirle cuánto apreciaba sus conversaciones, por cortas que fueran, y cuánto admiraba su canto.

El siguiente día resultó ser muy lluvioso y frío, por lo que la hor-

miga tuvo que quedarse en la calidez de su nido. Lamentó mucho no poder ver a su amiga, pero se propuso pasar un buen rato con ella al día siguiente.

A la mañana siguiente la lluvia continuó y hasta nevó, por lo que la hormiga tampoco pudo salir del nido. Sentía que extrañaba el canto de la cigarra y deseaba con toda su alma poder darse un tiempo para compartir con su amiga.

Al tercer día ya había clareado, de manera que la hormiga decidió retomar sus actividades pero, sobre todo, brincaba de gusto porque volvería a ver a la cigarra. Emocionada, se dirigió hacia su lugar de encuentro habitual. Sintió el frío del invierno que parecía haberse adelantado.

Conforme se acercó al lugar de su encuentro, vio que una cigarra yacía sin vida sobre la tierra congelada. No cabía duda: era su amiga, la alegre cigarra. La nevada de los días anteriores había acabado con ella. Fue entonces cuando la hormiga pensó: "Qué tonta fui. Desperdicié mucho tiempo preciado sin aceptar la amable invitación de la hermosa cigarra. Ahora ya no está; se fue sin que pudiera disfrutar de su canto y de una conversación con ella. En verdad lamento no haberme dado la oportunidad de conocerla mejor, de decirle lo importantes que fueron nuestros breves encuentros para mí, de expresarle mi agradecimiento por el bello canto que iluminaba mi día y me hacía menos pesada la carga. De la forma más dura he aprendido una lección". Y lloró.

Es importante cuidar los vínculos que creamos a lo largo de la vida, aun cuando los encuentros sean fugaces, como en el caso del lazo afectivo creado en poco tiempo entre la hormiga y la cigarra. Vale la pena privilegiar las relaciones sobre muchas otras cosas: el dinero, el trabajo, lo material. Muchas amistades se pierden por problemas de dinero, por el afán competitivo, por el apego a los bienes materiales o por actitudes que deterioran la relación de manera irremediable. He aprendido de un amigo cercano que, ante los conflictos con una persona que nos importa, a la hora de elegir, hay que dar prioridad a la relación por sobre lo demás. De mi amigo he aprendido también que es necesario alimentar la amistad mediante el contacto constante.

La armonía en nuestras relaciones interpersonales –no el éxito, el trabajo, el dinero o la fama– es uno de los factores que determinan la calidad y el grado de satisfacción de nuestra vida. Saber que le importamos a alguien, que esa persona se alegra de que existamos y que podemos confiar en ella, dota de sentido a nuestra existencia. De la profundidad en nuestras relaciones, del grado de compromiso e intimidad que construimos, se deriva el estado de bienestar del que muchos gozan. Nos corresponde a nosotros, y a nadie más, velar porque en nuestros lazos afectivos haya cuidado y respeto. Por tanto, en buena medida, **el entorno en el que convivimos es nuestra propia creación.** El hecho de que seamos amables, corteses, respetuosos, compasivos y sinceros contribuye a la creación de un ambiente favorable en todos los ámbitos de la vida.

Los seres humanos estamos deseosos de crear intimidad, ese elemento relacionado con la sensación de cercanía y conexión. La intimidad sirve para crear lazos afectivos que se fortalecen conforme conocemos a los demás a profundidad. El sentido de intimidad aparece cuando se comparten aspectos de la propia vida, incluso esos que tanto tememos que se descubran. Para que se dé una relación más profunda, hay que confiar en el otro. Siempre hay un elemento de riesgo cuando compartimos algo muy personal. Sin embargo, **arriesgarnos a que otros nos conozcan tal cual somos, con virtudes y defectos, es la única manera de crear una relación de intimidad.** La apertura es la clave para esta cercanía afectiva; vale la pena por el sentido que una relación de calidad da a nuestra existencia.

Pero, para fortalecer una relación, hace falta algo más que el deseo de profundizar: el compromiso, que involucra la decisión de permanecer en la relación de amistad, de pareja o familiar, sabiendo que habrá situaciones difíciles de afrontar, malentendidos y heridas por superar. El compromiso involucra una actitud conciliatoria y la disposición a resolver lo que surja, siempre anteponiendo el deseo de conservar la relación.

Nos necesitamos unos a otros. La persona que carece de relaciones profundas, que se siente abandonada o que es maltratada, pronto comienza a creer que su vida no tiene ningún sentido. Que nos necesitemos unos a otros no quiere decir que nos volvamos dependientes. No es posible ser totalmente independiente. Necesitamos la conexión con el otro, mas esto no significa que debamos depender de él. El intercambio sano y la capacidad de fluctuar entre el "Yo", el "Tú" y el "Nosotros" nos lleva a un mayor nivel de desarrollo y madurez. Ni el aislamiento ni la dependencia traen consigo satisfacción. Una autonomía balanceada, conformada por la independencia y la sensatez, involucra saber cuándo comportarnos de manera autónoma y reconocer cuándo necesitamos a los demás.

Si observamos la naturaleza, podremos darnos cuenta de numerosas muestras del intercambio constante que existe entre los diferentes elementos que la conforman. Las rémoras se encargan de limpiar la piel de peces más grandes, como los tiburones, a cambio de un medio de transporte rápido y cómodo. Las flores proporcionan néctar a las abejas, que en retribución se encargan de esparcir las esporas y el polen necesarios para su reproducción.

De igual manera, en nuestras interacciones diarias podemos advertir cómo los estudiantes se benefician del conocimiento y la experiencia de su profesor, a la vez que él se nutre de la vitalidad y del empuje de sus alumnos. Ambos se enriquecen en este intercambio, que además resulta muy gratificante.

La renuencia a compartir, interactuar, velar por nuestras relaciones, trae consigo una soledad no deseada. Propiciar encuentros con quienes apreciamos nos llena de energía para vivir. La atención que prestamos a nuestras relaciones es proporcional a la satisfacción que se deriva de la existencia. Vivir una vida más sencilla nos da el tiempo, la energía y la disposición para cultivar nuestras relaciones. Antes de pasar al siguiente capítulo, revisa estos retos que te propongo para mejorar tus relaciones y, de esta forma, hacer que tu existencia sea más fluida y simple.

· ·

¿Aceptas estos desafíos para simplificar tu vida?

1. Si no esperas nada, aquello que obtengas lo tomarás como un regalo. Si no anhelas que tu novio te diga "te quiero", el día que lo haga lo disfrutarás mucho más.

2. Piensa que el otro no tiene la habilidad social con que tú cuentas. Hay personas que son más torpes socialmente porque no han aprendido a relacionarse. Esto incluye a personas muy cercanas como la pareja, los hijos, los padres y los maestros. Muestra comprensión hacia ellas y, si así lo decides, enséñales cómo hacerlo.

3. Presta atención a las frases en las que utilizas "deberías" o "debes" y descubre si hay un mandato o imposición de tu parte.

4. No hagas a los demás lo que no quieres que te hagan a ti.
5. Desarrolla tu empatía. Trata de conectarte con los demás e imaginar cómo se sienten cuando no reciben un buen trato. Permanece allí un momento para registrar las emociones y pensamientos. Es un primer paso en el desarrollo de la empatía. Es como si decidieras "probar" un poco de su realidad.

Tus propios desafíos

Escribe cuáles retos te propones a partir de lo leído en este capítulo:

1. _____

2. _____

3. _____

. . . .

"El ser humano forma parte de un todo que llamamos 'universo'. Piensa y siente por sí mismo, como si estuviera separado del resto; esto es como una Ilusión Óptica de la Conciencia. Esa Ilusión es una cárcel que nos circunscribe a las decisiones personales y al afecto a las personas más cercanas. Hay que traspasar sus muros y ampliar ese círculo para abrazar a todos los seres vivos y a la naturaleza en su esplendor."

ALBERT EINSTEIN

Sé tú mismo: vive sin complicaciones

"El mayor privilegio de la vida es convertirte
en quien realmente eres."

C.G. JUNG

¿**P**or qué es tan difícil para algunos ser auténticos? En
este capítulo analizaremos las razones por las que a
veces nos sentimos forzados a actuar como si fuéramos otras
personas. ¿Para qué lo hacemos? ¿Qué tratamos de obtener?
Parece que todo gira alrededor de la búsqueda de aceptación y
reconocimiento, una necesidad básica en el ser humano, pero
que en ocasiones llevamos al extremo. Saber en qué momentos
eres tú mismo, y cuándo no, te ayuda a moverte hacia la autenticidad y a realizar tus sueños. Esto es lo que encontrarás en este
capítulo. Adelante y suerte en la búsqueda de la autenticidad.

Obligados a ser otras personas

Tú y yo sabemos bien lo agradable que es ser uno mismo. Recuerda
las ocasiones cuando no te has sentido obligado a demostrar quién
eres, qué piensas o qué sientes. Sin duda han sido momentos de gran
gozo en los que todo fluye con suavidad, sin complicaciones ni arti-
ficios. Si ser auténtico puede ser tan satisfactorio y puede simplificar

nuestra vida, ¿por qué nos empeñamos en alejarnos de quienes realmente somos? ¿Por qué nos inventamos una imagen para relacionarnos con los demás?

Lo hacemos para encajar. A quienes no se ajustan a lo que "debería ser" se les tacha de ñoños, feos, *nerds*. Algunas de estas personas no se permiten hacer o sentir lo que quieren: se pierden a sí mismas. Todo esto con tal de ser aceptadas en un grupo social o de no experimentar el rechazo. Este es el caso de Irene, una mujer de cuarenta y tantos años de edad que, después de ser invisible a los demás, descubrió el gran valor de su propia aceptación.

Anhelo de aceptación y reconocimiento
Irene

Siempre intenté agradar a los demás, obtener su atención y aprobación hacia cualquiera de mis actos.

Esto quizá se entienda mejor si explico que fui una niña solitaria, tímida y poco observada: la menor de seis hermanos, en un hogar que, cuando yo era muy pequeña, quedó sin padre.

Mi abuela materna, encargada de cuidarnos mientras mi madre trabajaba, tuvo cierta predilección por mis hermanas mayores, Ana y Lucía, unas gemelas idénticas cuyo atractivo físico, heredado de mamá, era innegable. Mis tres hermanos, Javier, Andrés y Manolo, casi siempre estuvieron al cuidado de los dos abuelos varones, quienes les inculcaron sus gustos por los deportes y las actividades "de niños", lo que los mantenía fuera de casa la mayor parte del día.

Así que yo, una menuda y poco atractiva niña de piel muy blanca, anteojos para la miopía y rostro pecoso, me las tuve que arreglar para pasarla bien a solas, casi siempre acompañada por mis muñecas y por los libros que me fascinaba leer.

Aunque mi madre se esforzaba por repartir su escaso tiempo libre entre nosotros, quizá por ser la menor de todos mis hermanos tuve pocas oportunidades para destacarme. Y lo intenté todo: sacar las mejores calificaciones, hacer deportes, brillar en la música, las letras, las artes, las manualidades. Incluso llegué a ser el mejor promedio de toda la escuela.

Pero mi carácter introvertido y mi poca estima lo estropeaban todo en cuestión de relaciones sociales. Siempre era "una ratita", como me decían entonces. Comparada con mis hermanas, me sentía fea. Comparada con mis hermanos, me sentía inútil. Y como dependía de las opiniones de todos ellos, sufría su abandono.

Era tal mi inseguridad y mi dependencia a la opinión de los demás que, cuando a una persona no le caía bien, de inmediato sentía la necesidad de hacer todo por agradarle. Cuando crecí, permití que mis novios abusaran de mí de muchas maneras con tal de que no me dejaran sola. Nunca decía "no" a una amiga o a una compañera porque creía que así me querrían. Incluso permitía humillaciones por parte de mis hermanos y amigos, para saberme aceptada.

Eso me hizo muy infeliz durante muchos años, pero solo entendí la profundidad de ese sentimiento cuando un querido amigo, Paco, me hizo ver el problema: "estás tan acostumbrada a ser invisible que no te das cuenta de la intensidad de tu brillo", me dijo.

Era cierto. Cada acto, cada paso, estaban condicionados a satisfacer mi necesidad inmensa de cariño, de aceptación, de reconocimiento hacia mi persona, sin darme cuenta de que ese cariño, aceptación y reconocimiento tenían que nacer en mí misma.

¿Quién iba a reconocerme, quererme y aceptarme si antes no lo hacía yo?

Comprendí que era importante quererme, aceptarme y perdonarme, cerrar la puerta al pasado y aceptar que la vida es transcurrir. Solo así podría recibir el cariño de mi gente y el mío propio.

Empecé a descubrir que soy una persona única, que me quiero y que me gusto tal como soy. Quizá no tenga la belleza física que tienen mis hermanas mayores, pero sí soy una chica sumamente linda, con un cabello hermoso, con unos ojos expresivos y con sentimientos buenos, armoniosos.

No tengo que preocuparme ya por la opinión de los demás. A mucha gente le agrado, a mucha gente no. Y así está bien.

Cuando me decidí a platicar con mis hermanos y con mi madre de mis recuerdos de niña, con mucha serenidad y ternura me expresaron lo importante que soy para ellos. Me sentí aliviada.

Esa noche, mientras me preparaba para dormir, cerré los ojos y me imaginé a mí misma cuando era una niña. Empecé a hablar con aquella pequeñita, tímida, pecosa. Le dije que era un ser hermoso, lleno de virtudes y con un corazón maravilloso. Le conté, casi en secreto, que un día iba a convertirse en una mujer fuerte, segura. Fiel a sí misma.

Irene aprendió de la forma más difícil, después de un buen número de años, que preocuparse por agradar a los demás no era la clave para la felicidad. Descubrió que tenía que ser fiel a sí misma si quería ser feliz. Logró aceptar la belleza de su propio cuerpo, aunque no se ajustara a lo establecido por la sociedad; aprendió a poner límites a las solicitudes de ayuda cuando en otros momentos habría hecho cualquier cosa con tal de ser reconocida por los demás.

Hay que comprender cómo funciona nuestra sociedad, en la que se promueve y valora lo que carece de autenticidad: los vendedores en las tiendas departamentales sonríen para atraer clientes, no porque estén felices o porque, les dé gusto vernos; los atletas consumen esteroides para ganar competencias; las cirugías estéticas son más populares que nunca.

Destinamos mucho tiempo, dinero y energía al acrecentamiento de nuestra imagen. Con tal de mantenerla, estamos dispuestos a someternos a tratamientos costosos y dolorosos, a pagar altas sumas de dinero por ropa o perfumes de diseñadores y a gastar fortunas en escuelas privadas para los hijos. Deseamos mostrar a los demás una fachada de superioridad económica, bienestar emocional o poder social. En pocas palabras, cuando podríamos vivir con mayor sencillez, complicamos nuestra existencia con cosas innecesarias y a veces se nos va la vida en ello.

Se nos incentiva a la creación de una imagen, una fachada que muestre lo que es socialmente deseable: el éxito, ser atractivo, ser poderoso. Pero, ¿qué hay detrás de la construcción de una apariencia particular? Si consideramos el origen etimológico de la palabra "imagen", del latín *imago* e *imitari*, entonces lo que hay detrás es "imitación" o "copia"; por tanto, una falta de autenticidad, una máscara detrás de la cual ocultamos a nuestro verdadero ser.

> "No sé cuál es la clave del éxito, pero la clave del fracaso es tratar de complacer a todos."
>
> BILL COSBY

La paradoja es que la sociedad también nos invita a ser auténticos y esperamos que otros lo sean. Queremos tener líderes políticos, profesores, familiares y amigos auténticos. Nos sentimos cómodos con personas que no hacen un gran esfuerzo por agradar. Envidiamos a quienes llevan una vida sencilla, emiten sus opiniones sin reservas y no se preocupan en exceso por las modas o por su apariencia. Percibimos en ellos la energía vital que trae consigo la autenticidad.

> "Todo funcionará perfectamente cuando conocer y vivir la verdad sea más importante que verse bien."
>
> ALAN COHEN

Nosotros mismos queremos que haya congruencia entre nuestros deseos, creencias, emociones y conducta. Intuimos que actuar como somos legítimamente nos llena de energía y disminuye el estrés, que podemos divertirnos más, que nos liberamos de preocupaciones y nos llenamos de confianza, que ser auténticos nos facilita perseguir nuestros sueños y nuestra vocación.

Estar en la ambivalencia nos obliga a elegir entre ser fieles a nosotros mismos, a pesar de las influencias externas, o ceder y renunciar a nuestros deseos, sentimientos y creencias más íntimos. Una profesora muy querida me dijo en alguna ocasión que, cuando uno es fiel a sí mismo, las cosas no pueden salir mal. Estoy convencido de ello, pues he sido testigo de lo que considero una gran verdad. Cuando somos fieles a nosotros mismos, a pesar de la dificultad que comprende, tenemos una vida más disfrutable y con menos complicaciones.

Lo natural y genuino siempre es preferible a lo artificial: las plantas naturales tienen un brillo y una vida que no poseen las plantas de plástico; cuando se le escucha en vivo, la música transmite vibraciones que no se logran captar en una grabación. A pesar de que la naturalidad en nuestra conducta nos hace sentir relajados, libres y dueños de nosotros mismos, no siempre elegimos actuar de esa manera.

> "Mi gran error, aquel por el cual no puedo perdonarme, es el día cuando dejé mi obstinada búsqueda de mi individualidad."
>
> OSCAR WILDE

A lo largo de mi trayectoria como terapeuta, y a través de mi propia experiencia de vida, he descubierto el esfuerzo que nos cuesta actuar con sencillez y franqueza, así como las formas como se manifiesta esta falta de autenticidad, en ocasiones de maneras muy sutiles. Algunos ejemplos de situaciones en que tal vez dejas de actuar con naturalidad son:

— Cuando aceptas una invitación porque te sientes obligado y entonces te llenas de compromisos que te abruman. Una forma de complicarte la existencia es hacer más que lo que quieres o puedes hacer. La limpieza mental comienza con la eliminación del exceso de objetos en tu entorno y de compromisos en tu agenda diaria.

— Cuando compras lo que no puedes pagar, solo para quedar bien; esto genera deudas que te impiden tener paz y tiempo libre para hacer lo que te apasiona. En capítulos anteriores hemos visto cómo las deudas te impiden iniciar proyectos preciados que continúas posponiendo a causa de la falta de recursos, con lo cual la persecución de tus sueños se vuelve cada vez más lejana.

— Cuando repites lo que los demás piensan, sin detenerte a reflexionar qué opinas en realidad. Al dar una opinión no tienes que convencer a los otros para que coincidan contigo. Basta con que seas natural: tú mismo.

— Cuando de manera automática dices "bien" si alguien te pregunta "¿cómo estás?", en lugar de expresar cómo te sientes en verdad. No es necesario contar a todos tu vida, pero tampoco necesitas fingir que te va de maravilla.

— Cuando callas o ríes de cosas que en realidad no te gustan. Por supuesto, la amabilidad y el respeto siempre son deseables. Así, podrías reír un poco si alguien cuenta un chiste que no sea muy gracioso, pero también podrías no reír si otra persona hace un comentario o cuenta un chiste de mal gusto u ofensivo.

— Cuando finges haber leído un libro que ni conoces o temes decir que ignoras algún tema. Una vez que te muestras de cierta forma, tienes que invertir mucha energía, y dar muchas explicaciones, para mantener esa imagen. **Recuerda que no estás obligado a saberlo todo.**

— Cuando no te permites cambiar de opinión por el "qué dirán". Entonces te traicionas a ti mismo, lo que genera inseguridad, incertidumbre y malestar en tu vida.

— Cuando tratas de impresionar a los demás con todo lo que sabes; es decir, cuando crees que tienes que demostrar que eres una persona valiosa por poseer cierto conocimiento.

— Cuando te exhibes como poderoso o perfecto y resaltas estos atributos en ti para obtener la admiración ajena.

¿Por qué es tan difícil ser auténtico?

La influencia social juega un papel esencial en la formación de nuestras actitudes. Son principalmente la familia, la escuela, la religión y los medios de comunicación los que dan forma a nuestra conducta y determinan nuestras creencias y emociones.

Es más fácil ser uno mismo cuando nuestra familia de origen actúa con autenticidad. Por desgracia, lo más común es que la falta de naturalidad en las actitudes y en la conducta se transmita de una generación a otra, como sucede con el agua de una fuente que va de una sección a otra en su caída. En sí, es en la familia donde primero aprendemos a alejarnos de nuestro ser real. Son nuestros parientes quienes, de forma directa o

> "La honestidad y la transparencia te hacen vulnerable. De cualquier forma, sé honesto y transparente."
>
> MADRE TERESA DE CALCUTA.

indirecta, nos transmiten mensajes que nos llevan a dejar de ser quienes realmente somos para ser quien ellos creen que debemos ser.

Los padres o adultos con quienes crecemos nos inculcan la búsqueda de aprobación. Con esto no quiero señalar a los padres como culpables o ponernos como víctimas de ellos. Está claro que, como parte de nuestra educación, necesitamos límites, reglas, seguridad, guía y estructura que los adultos pueden proporcionarnos. Sin embargo, a la par que se adquieren estos valores, también se desarrolla la necesidad de aprobación y aceptación. En la niñez pronto aprendemos que, si no cumplimos con las expectativas ajenas, nos vemos amenazados por el aislamiento y la vergüenza. Pronto aprendemos que la apariencia es más importante que los sentimientos. Pronto descubrimos que hay que callar. Es así como aprendemos a ser un buen chico o una buena chica para complacer a los demás. Es así como desde pequeños nos vemos obligados a traicionar nuestra autenticidad.

En la escuela tampoco se nos enseña a ser auténticos. En gran medida, aprendemos por observación y por imitación. Comenzamos a definirnos en comparación con los demás: "Juan es más inteligente",

> "Solo la verdad acerca de quién eres, si eres consciente de ella, te hará libre."
>
> ECKHART TOLLE

"Susana sí es responsable con sus tareas", "¿por qué no puedes ser tan obediente en la escuela como tu hermano?". Se nos entrena para seguir las reglas y para retener información, pero no se nos estimula para que pensemos por nosotros mismos, para que nos expresemos con libertad y mucho menos para que desarrollemos nuestra inteligencia emocional. Es en la escuela, y también en la familia, de diferentes maneras, donde escuchamos el mensaje que marcará el concepto que tenemos de nosotros mismos: "no eres lo suficientemente bueno". Si eres un niño inquieto, diferente, creativo o desobediente se te castiga, pues no cumples con lo que se espera de ti: ser un niño bien portado que se adapta a una forma de ser colectiva, no individual. Es evidente que los años de formación escolar traen grandes beneficios a nuestra vida, pero con frecuencia el desarrollo de la autenticidad no es uno de esos beneficios.

Si bien la religión puede contribuir al desarrollo de valores como el amor, el servicio, la honestidad y el respeto, por su carácter dogmático impone reglas sobre cómo debemos ser. La promesa del cielo, si nos ajustamos a lo que se espera de nosotros, y la amenaza del infierno, si nos salimos del molde, destruye nuestra creatividad y nuestra capacidad de expresión. Además, las prescripciones religiosas tienden a exigir una conducta

> "No hay alivio más grande que comenzar a ser lo que se es. Desde la infancia nos endilgan destinos ajenos."
>
> ALEJANDRO JODOROWSKY

casi perfecta, muy difícil de cumplir, por lo que se refuerza constantemente la idea de que no somos lo bastante buenos y esto nos genera culpa y vergüenza.

Los medios de comunicación, a través de la publicidad, fortalecen la dolorosa idea que, una vez más, nos lleva a la falta de autenticidad: "no eres lo suficientemente bueno o valioso". Lo hacen al mostrar gente "feliz" y "exitosa", modelos de cómo debemos actuar y qué debemos tener para "ser mejores". Es así que deducimos que hay que ser como alguien más para estar bien y para que se nos valore. Es así que dejamos de hacer lo que nos gustaría por temor a la crítica o al rechazo ajeno.

Con estas influencias sociales es difícil abrirse camino hacia la autenticidad. Por fortuna, es posible. He visto que muchos de mis

> "Quien es auténtico, asume la responsabilidad por ser lo que es y se reconoce libre de ser lo que es."
>
> JEAN PAUL SARTRE

pacientes se han alejado de la imagen que utilizaban para ocultar su verdadero yo; actúan como son y no como "deberían ser"; dejar de actuar de acuerdo con las expectativas ajenas; han superado la desesperación que los llevaba a ser alguien más y dan cauce al deseo profundo de ser ellos mismos.

¿Cuándo somos auténticos?

¿Recuerdas el cuento infantil *El traje nuevo del emperador*? Esta historia nos servirá para ilustrar la falta de autenticidad en algunos adultos y la espontaneidad en otros. He aquí la historia:

Hace muchos años vivía un rey que era comedido en todo, excepto en una cosa: se preocupaba mucho por su vestuario. Un día escuchó decir a dos charlatanes llamados Guido y Luigi Farabutto que podían fabricar la tela más suave y delicada que pudiera imaginar. Esta prenda, añadieron, tenía la especial capacidad de ser invisible para cualquier tonto o incapaz para su cargo. Por supuesto, no existía prenda alguna. Los pícaros hacían lucir que trabajaban en la ropa, pero se quedaban con los ricos materiales que solicitaban para tal fin.

Sintiéndose algo nervioso acerca de si él mismo sería capaz de ver la prenda o no, el emperador envió primero a dos de sus hombres de confianza a verla. Como es evidente, ninguno de los dos admitió que era incapaz de ver la prenda y ambos comenzaron a alabar la misma. Todos en la ciudad habían oído hablar del fabuloso traje y deseaban comprobar cuán tontos eran sus vecinos.

Los estafadores fingieron que ayudaban al emperador a ponerse la inexistente prenda y él la lució en un desfile, sin admitir que era demasiado inepto o estúpido como para poder verla.

Toda la gente del pueblo alabó enfáticamente el traje, temerosa de que sus vecinos se dieran cuenta de que no podían verlo, hasta que un niño exclamó:

-¡Pero si va desnudo!

La gente empezó a cuchichear la frase hasta que toda la multitud gritó que el emperador, en efecto, iba desnudo. El emperador escuchó los clamores y supo que tenían razón pero, incapaz de admitir que era verdad, levantó la cabeza y continuó con el desfile.

Así como se muestra en el cuento, muchas personas fingen conocer, disfrutar o preferir algo, cuando en realidad no es cierto. Ni la gente del pueblo, ni los hombres de confianza del emperador, ni el emperador mismo tuvieron el valor o la franqueza necesarios para admitir que no veían el traje. Queda claro que su imagen estaba en juego. Justo

> "El mayor peligro de engañar a los demás está en que uno acaba inevitablemente por engañarse a sí mismo."
>
> ELEONORA DOSET

eso es lo que en ocasiones hacemos: fingir para cuidar nuestra imagen ante los demás.

Repetir lo que otros dicen o piensan es otra forma de ser poco auténtico y de complicar las cosas. El emperador se deja llevar por lo que dice su asistente y compra la idea que le vendieron los estafadores, y termina por hacer el ridículo frente a sus súbditos. Al no ser auténticos somos más vulnerables que cuando somos naturales y espontáneos. En sí, la naturalidad es una fortaleza. El único personaje auténtico en la historia es el niño: el único capaz de decir en voz alta que el emperador está desnudo. Así, vemos cómo la autenticidad y la espontaneidad van de la mano. Al igual que el niño, tú también actúas de forma espontánea en algunas situaciones. Veamos algunos ejemplos de cuando actúas con naturalidad y sencillez:

— Cuando dices lo que en verdad piensas, sin importar si los demás coinciden contigo o no.

— Cuando no te dejas deslumbrar por el prestigio, la fama, el *glamour* o el dinero.

— Cuando confías en tu intuición, esa sabiduría de tu cuerpo que te guía en tus decisiones.

— Cuando confías en tu propia evaluación de las cosas o los hechos.

— Cuando abandonas las máscaras que utilizabas para defenderte.

— Cuando desarrollas tu capacidad para maravillarte ante cosas sencillas.

— Cuando hay congruencia entre lo que sientes, piensas y haces.

— Cuando admites tu vulnerabilidad, tu ignorancia y tus necesidades.

— Cuando te ríes de tus errores y no te tomas tan en serio.

¿Cómo acercarnos a la autenticidad?

Existen cuatro formas que pueden contribuir a que recuperemos la autenticidad: por medio del autoconocimiento, superar los temores, aprender a expresarnos de forma clara y directa y honrarnos a nosotros mismos.

El autoconocimiento nos facilita saber quiénes somos en realidad y contactar con nuestro yo real, ese que está detrás de la máscara que utilizamos. Conocer nuestras creencias y decidir si queremos modificarlas nos acerca más y más a nuestro ser real, que en última instancia es la meta que todos perseguimos. He aquí algunas técnicas para aumentar el conocimiento de ti mismo:

— Medita, reflexiona o escribe un diario para entrar más en contacto contigo mismo.

— Apóyate en un profesional: *coach*, psicólogo o terapeuta.

— Haz una evaluación seria de tu personalidad (en esto también puede ayudarte un psicólogo).

— Participa en talleres de desarrollo personal.

— Desarrolla tu intuición en las respuestas de tu cuerpo y en tu pensamiento.

— Escucha la retroalimentación que otras personas te ofrecen acerca de tu forma de actuar y pensar.

— Hazte consciente de tus fortalezas y debilidades. Acéptalas.

— Presta atención a lo que haces y dices, sin juzgar. Descubre cómo te muestras a los demás.

> "Deja que el mundo sepa cómo eres, no como crees que deberías ser, porque tarde o temprano, si estás actuando, te olvidarás. ¿Y dónde estarás tú?"
>
> FANNY BRICE

Eliminar las máscaras utilizadas socialmente y atreverse a ser uno mismo puede resultar amenazador. Sin embargo, a medida que avanzas en tu autoconocimiento, el temor disminuye. Entonces descubres que puedes mostrar aspectos de tu personalidad que antes escondías por temor al rechazo. Una emoción a la que hay que poner especial atención es el temor. Como con todas las emociones, al temor hay que conocerlo, familiarizarse con él, hacer las paces con él, no huir de él. Después de todo, nos ayuda a cuidarnos y a estar alerta. Es importante no negarlo con frases como: "no debo sentir temor". Por el contrario, cuando le das su lugar y su valor, es más fácil manejarlo pues se vuelve algo conocido. Siéntelo en tu cuerpo; hazte consciente de cómo se acorta tu respiración o de cómo te sudan las manos.

Una vez que estás familiarizado con él, puede serte de utilidad comunicar tus temores a los demás o simplemente admitirlo solo para ti. Comienza por los temores que te resulte más fácil confesar, escríbelos en un diario o grítalos en un lugar a solas y donde tengas privacidad. Mantente atento a estas frases que expresan tu temor y te será más sencillo superarlo, de tal forma que pronto serás más tú mismo. Por supuesto, siempre es una buena idea seguir este proceso en la compañía y con el conocimiento de un terapeuta.

Uno de los temores más comunes es a la expresión de nuestros deseos, anhelos y sentimientos. Es paradójico, pero a la vez que tememos expresarnos estamos deseosos de hacerlo. Sabemos, por experiencia o porque lo hemos observado, que la comunicación clara y abierta ayuda a resolver esos conflictos que normalmente surgen en todas las relaciones. Es así como la expresión sincera y auténtica puede ayudar a hacer nuestra vida más sencilla. Esto lo sabemos bien. Además sabemos que **la expresión de nuestros sentimientos nos da una sensación de liberación, confianza y vitalidad.** Sin embargo, el temor a hacer daño a los demás y a hacernos daño a nosotros mismos está presente y limita nuestra expresión. No nos damos cuenta de que, al contener los sentimientos, nos hacemos más daño a nosotros mismos y a otras personas que cuando ventilamos lo que pensamos y sentimos.

> "Para ser invulnerable hay que suprimir los sentimientos y las emociones, pero el precio es demasiado alto."
>
> J. F. VIDAL

Hace falta mucha fortaleza y coraje para admitir algunas de nuestras emociones ante los demás. A menudo suprimimos nuestros sentimientos de ira y dolor. Tenemos miedo de ser abiertos y honestos, aun con nuestros familiares y amigos cercanos, y aclarar aquello que nos causa resentimiento o que nos separa emocionalmente de ellos. A veces lo hacemos para evitarnos o evitarles malestar o dolor. Lo cierto es que construimos barreras que traen consigo más dolor, al impedirles saber quiénes somos y cómo sentimos en realidad.

Las razones por las que nos abstenemos de mostrar nuestros sentimientos son diversas. Una de ellas es la preocupación por cómo nos perciben los demás, el temor de sentirnos juzgados. Y quizás esto tenga más que ver con cómo nos percibimos a nosotros mismos que con la opinión ajena. Nunca debemos sentirnos apenados por compartir nuestras emociones, así como nunca debemos hacer sentir culpables o avergonzados a quienes expresan sus sentimientos.

> "Todo es muy difícil antes de ser sencillo."
>
> THOMAS FULLER

En otras ocasiones suprimimos nuestros sentimientos, sobre todo de ira y tristeza, para "mantener las aguas en calma". Nos engañamos al creer que, al abstenernos de expresar y aclarar nuestro sentir hacia el otro, contribuimos a nuestra tranquilidad y mejoramos la relación, pues el dolor y el enojo no expresados generan resentimiento y afectan aún más la convivencia. Por otra parte, cuando hablamos con honestidad acerca de cómo nos sentimos, la relación y el vínculo emocional que ya existía se fortalecen. También puede ocurrir que, después de exponer nuestro sentir, el otro decida alejarse o terminar la relación. A veces es inevitable que esto suceda. En cualquier caso, siempre tendrás la agradable sensación de haber sido fiel a tu sentir y eso siempre es positivo.

El temor a perder el control de ciertas emociones, como el enojo, también nos impide expresarlas, genera vergüenza y una sensación de cobardía por no enfrentarlas. Aprender a ser asertivos, es decir, mostrar nuestro enojo con respeto, evita que saquemos esa emoción con violencia o de manera velada con agresiones indirectas. El temor a molestar a los demás, a que se enfurezcan o a que suceda una catástrofe si expresamos nuestra irritación, fomenta la postergación de lo que tenemos pendiente.

Conprendamos que no podemos controlar la reacción de los demás y que es probable que no les guste lo que les decimos. Recuerda que cada quien es responsable de sus propias emociones. El temor al rechazo o a que no nos amen

> "No dramatices nunca, simplifica siempre."
> WALTER SERNER

contribuye a que reprimamos emociones como el enojo y la vergüenza. No tenemos que agradarle a todo el mundo. Ser amado por todos es algo imposible de lograr para un simple mortal.

Muchas personas que se encuentran cercanas a la muerte se lamentan de no haber expresado lo que sentían a quienes fueron importantes en su vida. Los que han estado en esta situación tienen una lección que enseñarnos. ¿Para qué esperar a estar en el lecho de muerte, si ahora mismo podemos acercarnos emocionalmente, primero a nosotros mismos y luego a los demás? Una forma de comenzar es dar la bienvenida a los sentimientos, permitirnos sentir. Un buen ejercicio consiste en preguntarte para qué te abstienes de expresar tu inquietud o desazón: ¿qué ganas y qué pierdes al hacerlo? Al contestar con sinceridad a estas preguntas te darás cuenta de las razones detrás de tu comportamiento y si quieres seguir conteniéndote o prefieres permitirte liberar tus emociones.

Piensa en las ocasiones cuando has expresado tus emociones u opiniones, por mucho que difirieran de las de los demás. Recuerda la sensación de estar vivo, con la sangre corriendo por tus venas y tu cuerpo vibrante por la emoción de ser fiel a tus propias opiniones. Hace falta valor para sostener con honestidad tus convicciones, por ejemplo, en una junta de trabajo, en clase o con tu pareja. Expresarnos con franqueza, como cuando admitimos nuestra vulnerabilidad o nuestras necesidades, es una forma de responsabilizarnos por lo que somos. Al transmitir tus convicciones o deseos, asegúrate de hacerlo en primera persona, comenzando con "yo…" y siempre busca llegar a un arreglo en el que ambas partes ganen.

> "Cada uno de nosotros está en la Tierra para descubrir su propio camino y jamás seremos felices si seguimos el de otro."
>
> JAMES VAN PRAAGH

La frase que más nos lleva a alejarnos de nosotros mismos es: "no soy lo bastante bueno o digno de amor así como soy". El antídoto contra esta creencia es: "así como soy, así está bien". No se trata de justificar una renuncia al cambio. Al contrario: **el cambio comienza con la aceptación de nosotros mismos.** Es importante aceptar los diversos aspectos de nuestra personalidad; decir: "sí, es cierto, a veces actúo de manera egoísta, arrogante, pedante o avara". Verás que no pasa nada terrible si simplemente admites que actúas de ciertas formas que no te benefician o que la sociedad considera reprobables. Una vez aceptadas tus actitudes, te será más sencillo modificarlas. **Es imposible cambiar o mejorar lo que no conoces y cuya existencia no admites.**

Entre otras cosas, para incrementar tu aceptación y honrarte a ti mismo, puedes comenzar por:

— Celebrar tus éxitos. Habla acerca de tus aciertos y logros, pero sin arrogancia.

— Compartir con los demás los aspectos positivos de tu personalidad.

— Aceptar los cumplidos que te hagan. Olvida la falsa modestia.

— Disculpar tus errores; es más, si puedes, ríete de ellos.

— Dejar de disculparte tanto (si es que lo haces).

— No tomar tu fama, posición social o conocimientos tan en serio. Sé humilde.

— Aceptar y pedir el apoyo de otras personas.

— Usar palabras amorosas contigo mismo.

— Aprender a decir "no" cuando lo consideres necesario.

Está claro que dedicamos una gran cantidad de tiempo, dinero y energía a mantener una imagen ante personas a quienes, en realidad, no les importa. Imagina la tensión constante a la que sometemos a nuestro cuerpo y mente para esconder quiénes somos en realidad. ¿Adónde va toda esa energía, ese tiempo y ese dinero? Los malbaratamos pensando que construiremos con ellos una base sólida para nuestra vida, que seremos más felices y viviremos mejor. Nada más alejado de la realidad.

> "En cuanto a carácter, maneras, estilo, en todo, la excelencia suprema es la simplicidad."
>
> HENRY WADSWORTH LONGFELLOW

Una vez que comenzamos el juego de la apariencia, con facilidad podemos terminar por confundir la fantasía con la realidad, algo que lo complica todo. Podemos convertirnos en esa imagen que nos creamos, lo que se nota en nuestro cuerpo, en nuestra forma de andar y de hablar; en fin, nos convertimos en actores del personaje que hemos inventado. Una vez que nos apropiamos de este personaje, lo defendemos a capa y espada y nos mantenemos muy preocupados por lo que el resto de la gente piensa de nosotros. De ahí se deriva nuestra gran preocupación por el "qué dirán" y todas las complicaciones que se derivan de la supuesta obligación de demostrar que somos personas valiosas.

Sé fiel a ti mismo y persigue tus sueños

Cuando eres tú mismo, no solo vas más ligero por la vida sino que te permites perseguir tus sueños, sin temor a lo que otros digan. En el afán por mostrarnos de cierta forma, dejamos de hacer lo que nos gustaría por temor a la crítica o al rechazo y entonces hacemos a un lado nuestros sueños y aspiraciones. Imagina lo que hubiera sucedido si los grandes artistas e inventores se hubieran preocupado por pensar diferente, por tener un estilo innovador, o si hubieran evitado el riesgo de presentar a otros sus ideas. La humanidad no hubiera avanzado en las áreas artísticas, tecnológicas y científicas como lo ha hecho.

Perseguir nuestros sueños es una forma de realizarnos. Una de las razones por las que no perseguimos nuestros sueños es que cedemos a la presión social que pretende mantener, a través de la educación, la familia y la religión, cierto control sobre nosotros y nos obliga a ceñirnos a lo establecido.

Es difícil sustraerse a esta presión social, pues tenemos la necesidad de pertenencia. Está bien querer pertenecer a un grupo; el problema surge cuando este deseo degenera en una imperiosa necesidad de aprobación, así que permitimos que las presiones se impongan y dejamos de lado nuestros verdaderos deseos. Un claro ejemplo de esto es la elección de carrera. Después de muchos años de estar en contacto con alumnos de nivel licenciatura, me doy cuenta de la presión que los padres ejercen sobre sus hijos para que estudien una carrera que sea remunerativa, sin importar sus verdaderos intereses y aptitudes. Los hijos sacrifican su vocación y, al hacerlo, encuentran un gran vacío y una completa insatisfacción laboral y personal.

Es necesario, en la medida de lo posible, romper con esas lealtades a la familia y a la sociedad, que son una especie de acuerdos no expresados, para comenzar a vivir conforme a lo que queremos y creemos. Primero escúchate a ti mismo; después escucha lo que los demás tienen que decirte. Este es un buen punto de partida. **El deseo constante de complacer a otros te aleja cada vez más de lo que anhelas.**

> "Tu única obligación en cualquier periodo vital consiste en ser fiel a ti mismo."
>
> RICHARD BACH

No te dejes desalentar por las opiniones ajenas. Te recuerdo que, si no escoges tu propio camino, alguien más lo hará por ti. Permitirte soñar y perseguir tus sueños traerá consigo grandes recompensas.

Es increíble cómo muchas veces enterramos nuestros sueños tan profundamente que ya no los recordamos. Por fortuna, muchas personas, incluso a la mitad de su vida, sienten un fuerte impulso al cambio y reúnen el valor necesario para perseguir las metas que siempre desearon alcanzar. Entre ellas están algunos de mis pacientes. Los que descubren su verdadera vocación o pasión deciden darle un nuevo rumbo a su existencia. Muchos regresan a la escuela o comienzan un negocio para darle un nuevo significado a su vida. Nunca es tarde para comenzar.

Habrá que encontrar la motivación en lo que nos ilusiona e impedir que el temor nos paralice. Al concentrarnos en lo que nos apasiona, seremos capaces de encontrar la remuneración económica para satisfacer nuestras necesidades. Ellis Robertson y Shila Taylor-Downer, expertos en *coaching*, afirman que "dedicarte a lo que te hace feliz es lo que te enriquece espiritual, mental y económicamente".[1]

Te sentirás mejor en todos los sentidos en la medida en que desarrolles tus talentos naturales, pues no cultivarlos es ir en contra de ti mismo. En tu interior tienes un gran potencial: utilízalo para convertirte en la persona que has soñado. Piensa en esto: si no utilizas

---

[1] Robertson, Ellis y Taylor-Downer, Shila, *Motivated by Passion, Held Back by Fear*, EUA, Professional Prodigy, Inc., 2011.

tu talento especial en tu actividad diaria, entonces no aprovechas todo ese potencial.

Prepárate para descubrir un bello y útil mensaje en una historia. Inhala y exhala lento y profundo. Atiende a los sonidos que llegan a tus oídos. Observa tu respiración y los latidos de tu corazón. Haz contacto con tu cuerpo y con las sensaciones que registra. Disponte a contactar con los personajes y a aprovechar el mensaje que la siguiente historia tiene para ti.

Para reflexionar sobre la vida simple
El girasol que quería ser margarita

Esto que voy a contar es verdad y ocurrió en un lugar mucho más cercano que lo que imaginas, en un pequeño y verde valle lleno de vegetación y rodeado de algunas montañas.

En ese lugar, donde los insectos, plantas y árboles encontraban su edén, había una colonia de flores. Allí vivía una hermosa margarita de pétalos blancos que brillaban con el reflejo del sol, con largo tallo verde y unas cuantas hojas perfectamente colocadas a lo largo de su bien delineada espiga. La bella margarita solía disfrutar de los cálidos rayos del sol de la mañana, pero también se regocijaba cuando las nubes le regalaban unas cuantas gotas para refrescarse. Cuando el viento soplaba, ella se dejaba mecer por él de un lado a otro y permitía que el suave arrullo de los buenos aires que soplaban justo antes de la lluvia la acariciaran.

Muy cerca de allí vivía otra flor, un girasol, cuyos pétalos brillaban tanto como el sol. Su tallo se erguía firme y orgulloso, y sobresalía por encima de las otras flores y plantas. El girasol tenía un secreto, algo que nunca le había contado a nadie, pero que no lo dejaba disfrutar de los cálidos días de la primavera, de los días lluviosos de verano y, mucho menos, del frío invierno. He aquí su secreto: deseaba ser como la margarita. La admiraba sobre todo cuando, al amanecer, lucía las pequeñas gotas de rocío de la madrugada. Este secreto deseo llevó al girasol a sentirse decepcionado de sí mismo y a pensar que su existencia no era tan valiosa como la de otras flores. En su afán por ser como la margarita, deseó perder el color de sus hojas, tener un tallo más delgado y ser más pequeño. Llegó incluso a despreciar su apariencia y a sentirse abatido.

Aquel había sido un caluroso verano y todas las flores y las plantas estaban deseosas de un poco de lluvia que las refrescara. Ese día en particular, el calor había sido sofocante, pero ya llegada la tarde se habían formado unas nubes que prometían aliviarlas con un buen aguacero. Al llegar la noche comenzaron los truenos, los rayos y el fuerte viento que anunciaban lo que parecía ser una tormenta. En poco tiempo enormes gotas de lluvia comenzaron a caer y así siguió lloviendo durante poco más de una hora. Las flores tuvieron que aferrarse con toda su fuerza para poder resistir las embestidas del viento.

A la mañana siguiente, con los primeros rayos del sol, el girasol se despertó y pudo ver lo verde que se encontraba su valle: las hojas de los árboles estaban llenas de color, el cielo estaba azul y sus amigas las flores irradiaban vida y felicidad. Alrededor del girasol se había formado un charco, secuela de la lluvia de la noche anterior. Era un charco que, ahora que el agua no se movía y que la tierra se había asentado, reflejaba el azul del cielo como si fuera un espejo. Notó que, como consecuencia de la lluvia, su tallo se había doblado un poco. Lo que más llamó su atención fue una hermosa flor, un girasol, como él, que veía justo a sus pies. Lo miró larga y atentamente. Admiró la suavidad de sus pétalos, la belleza de sus hojas y la textura de su tallo.

Pronto se dio cuenta de que ese charco que estaba debajo le permitía, por primera vez, mirar su propio reflejo en él. Así pasó largo rato observándose, conociéndose y aceptándose. Cayó en la cuenta de que por mucho tiempo había anhelado ser como la margarita y que se había avergonzado y entristecido al no lograrlo. Ahora sabía que admiraba tanto a la margarita porque nunca había tenido la oportunidad de verse a sí mismo, de descubrir su propia belleza.

Justo en ese momento tuvo una revelación: se había enfocado tanto en ser quien no era, que se había olvidado de apreciar sus propias cualidades. La naturaleza le había dado la oportunidad de descubrirse a sí mismo y de valorarse. A partir de ese momento, el secreto deseo de ser como otra flor perdió todo sentido. "Después de todo", pensó, "¿por qué querría un yo, un bello girasol, ser una margarita?" Volteó a su alrededor y vio que el sauce no quería ser roble, que el saltamontes no quería tener alas y ser libélula. Y tuvo una sensación de sosiego y aceptación que nunca antes había sentido. Y pensó: "No cabe duda de que ser uno mismo es una hermosa bendición: no solo nos permite disfrutar más de la existencia, sino también nos da paz y armonía".

El deseo de ser como alguien más surge porque no somos capaces de apreciar los valores, las capacidades y las cualidades que poseemos. Con frecuencia, basta con detenernos a observar y analizar un poco para descubrir que lo que tanto anhelamos forma parte de nosotros. Este es el propósito del autoconocimiento: saber quiénes y cómo somos, y con qué habilidades contamos. La máxima socrática "conócete a ti mismo" aún está vigente. Del autoconocimiento podemos pasar a la autoaceptación y de allí al amor por nosotros mismos.

Algunas veces, descubrir quiénes somos tiene lugar de manera fortuita, como en la historia del girasol. Por fortuna, hay muchas maneras de llegar a este conocimiento: libros de autoayuda, talleres terapéuticos, psicoterapia individual, meditación, yoga y grupos de apoyo. Echa mano de estos instrumentos de autoconocimiento para profundizar en tu ser y llegar a la verdadera aceptación.

Muchos, al igual que el girasol del cuento, se desvalorizan, desean ser diferentes y se desprecian. Esto los lleva al desánimo, la vergüenza y la frustración. Pero cuando, a través de los diferentes instrumentos de autoconocimiento, logran verse a sí mismos en lugar de solo ver a los demás, comienza la transformación. Entonces son capaces de valorar sus propias cualidades, de comprender que no hay que recurrir a artilugio ni a estrategias muy complicadas para dar una imagen de algo que no son. Descubren que es mucho más sencillo ser ellos mismos.

Algunos desean cambiar para ser aceptados por la sociedad, para cumplir con las expectativas que existen de ellos, para satisfacer la imagen ideal que se han creado.

Quien depende de la opinión ajena se complica la existencia: deja de hacer muchas cosas que le gustaría llevar a cabo, hace todo lo posible por mantener una imagen y se justifica constantemente por sus actos, gasta una gran cantidad de energía al tratar de quedar bien y de adivinar qué esperan los demás de él o ella.

Aceptar tu propia realidad es asumirte tal como eres, de la misma manera como una planta asume su existencia y acepta cada una de las hojas que forman parte de ella; así como una nube está conforme con las diferentes formas que le da el viento. En cada uno de los elementos de la naturaleza hay aceptación incondicional y podríamos aprender mucho con solo observarlos.

Antes de pasar al siguiente tema, permíteme proponerte algunas estrategias para desarrollar tu capacidad para aceptar lo inevitable y tu capacidad de asombro. Aquí hay algunas ideas que estimularán tu imaginación.

¿Aceptas estos desafíos para simplificar tu vida?

1. Observa en qué momentos y situaciones actúas para mantener una imagen que te has creado y cómo esto complica tu vida.
2. Date cuenta de las cosas que dejas de hacer, entre ellas tus ambiciones, sueños y vocación, por temor al rechazo o al "qué dirán".
3. Confía en que tú eres la persona más indicada para evaluarte y valorarte en tu trabajo, tu persona, tu físico, tus puntos de vista, tus resultados.
4. Pregúntate si en verdad necesitas la aprobación ajena, y cuando digo "necesitas", quiero decir de la forma en que precisas del aire para respirar. Esta búsqueda puede reflejarse en preguntas como: "¿tú qué piensas?", "¿qué pensarán los demás si hago...?".

5. Toma más en cuenta tus propias opiniones y decide por ti mismo incluso las cosas más sencillas, como qué película ver o qué ropa vestir. Presta atención a los momentos cuando haces o dejas de hacer algo por agradar a los demás.

Tus propios desafíos

Escribe cuáles retos te propones a partir de lo leído en este capítulo:

1. _____

2. _____

3. _____

. . . .

> "No ser nadie más que tú mismo, en un mundo que está haciendo todo lo posible, día y noche, para hacer que seas alguien distinto, significa librar la más dura batalla que cualquier ser humano pueda enfrentar y nunca dejar de luchar."
>
> E. E. Cummings

Capítulo 8

La vida simple: aceptación y asombro

"La felicidad se encuentra en 'lo sencillo' –en celebrar los valiosos pequeños gozos de la vida ordinaria y en experimentar lo sagrado en todos los aspectos de la vida."

MICHAEL GELLERT

En los capítulos anteriores hemos visto cómo pequeños pero significativos cambios pueden hacer una gran diferencia en nuestra vida. Deshacernos de los excesos materiales y mentales, utilizar el tiempo en lo que en verdad nos interesa, encontrar la velocidad adecuada para vivir, balancear el trabajo con el tiempo libre, hacer menos para obtener más, invertir la energía vital en lo que es importante para nosotros, alejarnos de creencias que nos han sido infundidas, vivir la vida que en realidad queremos tener, descubrir qué nos hace felices, facilitar las relaciones e ir más ligeros por la vida, todas ellas son maneras de simplificar nuestra existencia y de hacerla más satisfactoria.

Además de estas acciones, hay dos actitudes que favorecen la vida simple y, por tanto, la felicidad. A lo largo de este último capítulo veremos cuáles son esas actitudes y en qué consisten. Podrán parecerte demasiado obvias. Quizá parezca que, como dicen, estoy "vendiendo agua a la orilla del río", pero no es precisamente así. Hay tantas cosas que ya no alcanzamos a ver que a veces es necesario que nos las recuerden o que llamen nuestra atención hacia ellas. A continuación descubrirás que aceptar lo inevitable y desarrollar la capacidad de asombro pueden no solo simplificar tu existencia, sino también contribuir a tu felicidad.

Aceptación de lo inevitable

Hay una oración muy conocida que utilizan los neuróticos anónimos y los alcohólicos anónimos y que adoptaron de su autor, el doctor Reinhold Niebuhr, un teólogo estadounidense. Es la *Oración de la serenidad*,[1] que apela a que nos sea concedida la ecuanimidad para aceptar lo que no podemos cambiar, el valor para cambiar lo que sí podemos modificar y la sabiduría para reconocer la diferencia.

Muchas circunstancias con que nos encontramos en la vida se pueden superar o solucionar. En estas situaciones lo mejor es luchar para tratar de salir adelante. Seríamos tontos si, sabiendo que contamos con opciones de solución, no tomáramos medidas para superar una situación adversa. Cierto es que, en ocasiones, necesitamos que alguien más nos ayude a ver con mayor claridad las alternativas con que contamos. Esto lo hace, de manera intuitiva, un amigo y, de manera profesional, un psicoterapeuta.

Sin embargo, también nos enfrentamos a muchas situaciones que simplemente no hay forma de cambiar. De igual manera contamos con alternativas: **aceptar** *lo que es*, **actuar con cordura y no resistirnos a la realidad.** Se trata de reconocer, incluso de colaborar con el dolor y la adversidad que son ineludibles porque forman parte de la vida. En la siguiente historia, Jaime detalla cómo su mundo se derrumbó y quedó devastado por la

> "Veo que el mayor dolor proviene de no aceptar la realidad."
>
> ALANON

---

[1] Carnegie, Dale, *Cómo suprimir las preocupaciones y disfrutar de la vida*, Argentina, Editorial sudamericana, 1997.

pena de la muerte de su hijo. En su relato, este hombre de 47 años de edad cuenta cómo logró sobreponerse a su pérdida.

Es así. No puede ser de otro modo
Jaime

La voz en el teléfono parecía tan lejana, tan irreal:

-¿Usted es Jaime Castellón? Su hijo tuvo un accidente...

Era de madrugada. Quizá las tres o las cuatro de la mañana de un domingo de mayo. El timbre del teléfono me había despertado unos segundos antes, y al contestar se escuchaba el bullicio de sirenas, gritos. Una calle en movimiento.

Todavía sin entender lo que acababa de escuchar, lancé preguntas sin sentido, entre adormilado y sumido en el abismo de un *shock*:

-¡Mi hijo... no!

Lo que ocurrió en las semanas siguientes fue una pesadilla para mi familia. Mi muchacho, José Jaime, el mayor de mis tres hijos y orgullo máximo de mi vida, estupendo delantero de futbol universitario, guapo, cariñoso, un atleta sin vicios y buen estudiante, había muerto en un accidente automovilístico cuando un imprudente embistió el automóvil en que mi hijo y tres de sus amigos regresaban a casa después de una fiesta.

Mi vida entera se derrumbó. Sin mi hijo, ¿qué sentido tenía vivir? Me dije a mí mismo que ya nada tenía propósito ni fin. Él era el mayor de mis alientos, mi propia imagen.

Sin importarme nada, dejé de ir al trabajo, me volqué en la bebida y me convertí en un ser agresivo y hostil. ¿Su madre fue la culpable de la muerte? ¿O fui yo mismo por permitirle asistir a esa fiesta? ¿Por qué mi hijo? ¿Por qué él y no yo?

Estaba muy resentido con la vida, con el destino. No quería aceptarlo. Mi pena era tan grande que no había consuelo posible. Ni siquiera ver sufrir a mis otros dos hijos me producía efecto alguno. Éramos solo mi dolor y yo.

Pasaron muchas semanas en esas condiciones. Ni mi esposa ni nadie más en mi familia podían hacerme recuperar las fuerzas. Hasta que una noche entré a su habitación.

Desde el día de su muerte había quedado cerrado, quizá por nuestro dolor, quizá porque así tenía que ser. Me senté en su escritorio y comencé a buscar entre sus cosas, sin tener nada en mente salvo sentir a mi muchacho a través de sus objetos.

Cuando me encontré con la tarjeta, sentí incredulidad. Era una carta de cumpleaños que mi muchacho había comprado para su mamá. En ella había escrito un largo mensaje.

Mientras lo leía, mi corazón se agrandaba cada vez más. Al felicitar a su madre, le agradecía todos sus cuidados y le decía: "te amo, má, y quiero que sepas que me siento muy orgulloso de ti y de papá, de su amor. Te juro seguir siempre sus consejos de no dejarme vencer por ninguna adversidad, de soportar el dolor y seguir adelante. Cuando los veo juntos, queriéndose, sé que puedo lograrlo".

Llamé a gritos a mi esposa y le mostré la carta. Era como si mi muchacho estuviera diciéndome: "adelante, papá, haz lo que me enseñaste".

Abracé a mi mujer, mientras ella terminaba de leer, y le pedí perdón. Perdón por no haberme dado cuenta de su inmenso dolor, de lo injusto que fui al encerrarme en mi pena sin pensar en el sufrimiento que ella y nuestros otros hijos también sentían.

Volví al trabajo, me ocupé de mis otros dos hijos y de mi esposa y también me propuse mantener vivo el recuerdo de mi muchacho apoyando al equipo de futbol del que era delantero.

Cada domingo, cada día de entrenamiento, estaba ahí para apoyar a los compañeros de mi José Jaime, para animarlos y ayudarlos en lo que necesitaran, como a él le hubiera gustado.

No había manera de que mi hijo volviera a la vida. Era algo que no podía cambiar. Lo que sí estaba en mis manos era vivir para honrar su recuerdo, para sobreponerme al dolor y para ayudar a los míos a hacerlo también. Y juntos hacer que su breve paso por esta vida no fuera olvidado.

El protagonista de esta historia se preguntaba: "¿por qué yo?, ¿por qué a mí?", sin encontrar respuesta. Preguntarnos "¿por qué?" puede llevarnos a una cadena interminable de razones, para al final descubrir que, para algunas preguntas, no hay respuesta lógica ni racional. Algunos se las arreglan bastante bien cuando aceptan con serenidad lo que les corresponde vivir en ese momento.

Jaime vio la oportunidad de hacer lo que él mismo le había enseñado a su hijo: aceptar lo que venga; enfrentar las cosas con valor; aguantar con entereza, pase lo que pase. Fue su filosofía personal la que le permitió superar su amargura y resentimiento, para dejar atrás sus lágrimas. Hizo lo que Joseph B. Fabry aconseja en su libro *La búsqueda de significado*[2] para cuando una persona se encuentra en una situación dolorosa que no puede cambiar: encontrarle sentido, enfrentarla con valor y dignidad para así establecer un ejemplo para otras personas, a la vez que transforma su sufrimiento en una conquista del espíritu humano. Aceptar lo que le correspondía vivir en ese momento redujo su sufrimiento.

En la consulta psicológica, con frecuencia atiendo a personas que están inmersas en una lucha contra circunstancias que son inevitables. Al resistirse a *lo que es*, al desear que lo que no es modificable sea diferente, se provocan mucho sufrimiento. Es inútil oponerse a la realidad, por ejemplo, de la pérdida material o emocional, de las condiciones económicas del país o del hecho de ser incapaces de procrear.

> "Si no te gusta algo, cámbialo. Si no lo puedes cambiar, cambia tu actitud."
>
> MAYA ANGELOU

Después de todo, la realidad está allí, por mucho que nos neguemos a verla.

---

[2] Fabry, Joseph, *La búsqueda de significado*, México, Lag Ediciones, 2003.

177

Cuando nos resistimos a ella, perdemos la energía vital necesaria para actuar sobre aquello que sí podemos modificar.

Aceptar no es consentir de manera pasiva; tampoco significa que estemos de acuerdo con lo que sucede o que creamos que debe continuar. Aceptar significa poder mirar a la realidad de la vida directo a la cara y decirle: "te veo frente a mí; quizá no estoy feliz de que estés aquí, pero reconozco tu presencia, me guste o no".

Estoy consciente de que la aceptación estoica es una de esas cosas que se dicen con facilidad, pero que llevarlas a cabo requiere de cierto esfuerzo. Conozco muy bien el dolor, el enojo y la desesperación que podemos sentir en esas situaciones. Si bien es innegable que algunas circunstancias pueden perturbarnos, también es cierto que nuestro sentir dependerá de la forma como las abordemos. Cuando nos asumimos como seres incapaces de soportar el dolor que nos corresponde vivir, somos más vulnerables al sufrimiento. Una de las grandes enseñanzas de Buda es que "el dolor es inevitable pero el sufrimiento es opcional".

El sufrimiento surge cuando nos resistimos al dolor. Al oponernos a lo que simplemente es, nos desgastamos a nivel emocional, psicológico y físico. Cuando aceptamos la situación y cooperamos con ella, la simplificamos y recuperamos la energía perdida, de modo que podemos utilizarla para crearnos una vida mucho más rica.

Es posible reconocer esa aceptación y cooperación en la naturaleza, y hay mucho que aprender de ella: los árboles, las plantas y los animales resisten los embates de los elementos de la naturaleza y en muchas ocasiones logran salir adelante, en otras no. Sin embargo, hacen frente a estas desventuras con amabilidad y disposición. Un árbol se deja mecer por los fuertes vientos; coopera al mantenerse flexible; al dejarse llevar, permite que sus hojas resistan al vendaval o se desprendan. La opción ante lo inevitable es la aceptación estoica de las cosas sobre las que no

> "Aquello a lo que te resistes, persiste."
>
> CARL G. JUNG

tenemos control alguno. La aceptación de *lo que es* constituye un camino que nos lleva a la calma, al sosiego y a menos complicaciones y sufrimiento.

No obstante, es esencial que sepamos reconocer sobre cuáles situaciones tenemos control y sobre cuáles no. A veces estamos convencidos de que no tenemos ninguna influencia sobre algunas circunstancias, cuando en realidad es mucho lo que podemos hacer para resolverlas. Estos son los puntos ciegos que otras personas pueden ayudarnos a identificar. A veces nos complicamos la existencia al insistir en someter la realidad a nuestro gusto en situaciones que son inalterables y entonces nos damos contra la pared.

En otras ocasiones, lo único que hay por hacer es aceptar las cosas tal como son. Me gusta una frase que utilizan los españoles con frecuencia para referirse a esta aceptación de la realidad: "es lo que hay". De manera muy estoica, un amigo dice: "cuando es sí, es sí, y cuando es no, es no". Parece muy obvio, ¿verdad? Sin embargo, cuando lo necesitamos, no siempre actuamos de acuerdo con este principio que es tan simple y evidente. La realeza también ha necesitado el recordatorio. El rey Jorge V tenía esta inscripción en su biblioteca: "Enséñame a no anhelar lo inalcanzable y a no llorar por la leche derramada", que se refiere a la situación presente en que uno se encuentra y a lo ya vivido. Esta inquietud parece haber existido también en épocas pasadas. En una catedral europea del siglo xv se encuentra la siguiente inscripción: "Las cosas son como son. No pueden ser de otra manera".

> "Por supuesto que no hay una fórmula para el éxito, excepto quizá la aceptación incondicional de la vida y de lo que trae consigo."
>
> Arthur Rubinstein

Cultivar la actitud de aceptación de lo que *es* ayuda a crearte una vida más sencilla y más feliz. Sin desperdiciar energía vital al resistirte a *lo que es,* tienes más energía disponible para utilizarla en lo que en verdad es importante para ti y evitas sufrir por lo que no puedes cambiar. Si desarrollas esta habilidad, puedes enfrentar el presente y situaciones difíciles futuras con mayor facilidad. De esta forma estarás mejor preparado para un mundo siempre cambiante.

Cultivar la capacidad de maravillarse

¿Cuándo fue la última vez que experimentaste asombro? ¿Fue ante la belleza de una puesta de sol, la fuerza de una tormenta, la inmensidad o la forma de una montaña? Me maravilla que los seres humanos se adapten a vivir en cualquier parte de nuestro planeta. De igual manera, me maravillo ante los cambios que experimentan mis pacientes cuando descubren que hay formas de vivir con mayor sencillez y mejor: que pueden utilizar su pensamiento a su favor en lugar de usarlo en contra, que sus emociones los guían para hacer mejores elecciones y que ciertas acciones, como una disculpa, pueden hacer una gran diferencia para optimizar sus relaciones con los demás.

Esta capacidad para ver las cosas y a las personas con asombro, aunque no es exclusiva de esa edad, parece ser mucho más común en la niñez. Conforme crecemos, todo parece ser cada vez menos sorprendente. Así, dejamos de apreciar la belleza en las cosas más simples que nos rodean, nos alejamos de nuestras sensaciones y emociones, nos sustraemos al entorno y dejamos de apreciar el arte, por ejemplo, en la arquitectura que nos rodea.

> "La maravilla de un solo copo de nieve supera la sabiduría de un millón de meteorólogos."
>
> SIR FRANCIS BACON

Nos alejamos cada vez más de nuestros sentidos: vemos sin ver, escuchamos sin oír, dejamos de sentir por concentrarnos solo en los pensamientos. Apartados de nuestros sentidos, es muy difícil apreciar lo bello y conmovernos ante una obra de arte, por ejemplo.

Quizá dejamos de maravillarnos ante la belleza de lo simple porque cuando llegamos a la edad adulta pensamos que "ya hemos visto mucho", de tal forma que los pequeños detalles o las diferencias no atrapan nuestra atención. Miramos hacia abajo lo pequeño, lo sencillo o lo natural. Así, necesitamos experiencias cada vez más costosas, sofisticadas y elaboradas para llegar a experimentar sensaciones y emociones.

La apatía también surge porque tenemos "demasiado" de todo: información, objetos materiales, estímulos. Ante el exceso de estímulos, sobre todo visuales, terminamos embotados y desensibilizados, sin prestar atención a esos pequeños detalles que pueden hacer disfrutable un momento. Es muy triste ser inmune a lo nuevo, a lo sorprendente, por sencillo que parezca.

Cómo desarrollar la capacidad de asombro

Volver a lo simple, al contacto con nuestros sentidos, nos permite conectarnos de manera más profunda con otras personas. También ayuda a darle significado a nuestra vida y a nuestra felicidad. Aprender a observar el entorno puede tener un efecto extraordinario en nuestras relaciones y en la forma como disfrutamos de la vida. Nos ayuda a sintonizar con nuestros sentimientos presentes, para dejar de habitar en el pasado o de preocuparnos por el futuro. Estar más en contacto con nuestro entorno nos ayuda a vivir más en el aquí y ahora.

Asombrarnos involucra acercarnos a lo conocido con atención plena y redescubrirlo a cada momento, experimentar lo que es, lo que está frente a nosotros: apreciar las hojas que caen de los árboles; mirar el ave que vuela en el cielo; percibir el aroma de las flores y plantas; admirar el color del cielo. Implica hacer las cosas con conciencia: lavar los trastes sin pensar en el café que beberemos a continuación, sino entregarnos a la tarea por completo; estar bien presentes al mantener una conversación con otra persona, escuchar de verdad, sin pensar en lo que acabamos de hacer o en lo que está por venir.

> "Asombro: lo más elevado a que puede llegar el hombre."
>
> JOHANN WOLFGANG GOETHE

Asombrarnos también es admitir nuestra ignorancia con naturalidad, de la forma como lo hace un niño. Supone preguntarnos: "¿Por qué los árboles son verdes? ¿Por qué me siento inquieto los domingos por la noche, justo antes de ir a trabajar o a la escuela el lunes?". Tener una mente curiosa nos hace buscar explicaciones que nos llevan a un mayor conocimiento. Ver un video o una película sobre cierto tema nos estimula a descubrir más a ese respecto. Visitar otro país o región nos motiva a querer saber más acerca de sus tradiciones, música o comida.

En nuestra vida diaria hay mucho que podemos hacer: detenernos y escuchar. Todo lo que nos rodea trata de decirnos algo. Hay que descubrir qué es y saborear cada momento, sea agradable o no, pues es único e irrepetible; enfocarnos en lo agradable y disfrutarlo: la música, las casas en la ruta al trabajo, el hecho de haber encontrado una moneda en la calle; cultivar el arte de la observación. Todas estas son actividades pequeñas y sencillas que pueden enriquecer nuestra experiencia diaria.

> "Muchas personas se pierden las pequeñas alegrías mientras aguardan la gran felicidad."
>
> PEARL S. BUCK

Muchos nos maravillamos con películas en tercera dimensión, como *Avatar*, sin tomar en cuenta que nosotros ya vivimos en un lugar tan hechizante como "Pandora", nuestro propio planeta, y que podemos apreciarlo en todas sus dimensiones. La cuestión está en verlo de una manera distinta: llenos de fascinación, como los protagonistas de esa película asombrosa que es nuestra propia vida. **Maravillarnos ante lo muchas veces visto o experimentado es una capacidad que podemos cultivar y que aporta a nuestra felicidad.** Sorprendernos ante lo no visto o experimentado antes es una elección. Tú decides habituarte al mundo o descubrir un mundo nuevo cada día. ¿Cuál es tu elección?

Si optas por ejercitar tu capacidad de maravillarte, obtienes los siguientes beneficios: la sensación del paso del tiempo se reduce, desarrollas tu paciencia, te encuentras menos preocupado por el materialismo y te sientes más deseoso de ayudar a otras personas.

He aquí algunas ideas para comenzar:

— Cuando entres en tu casa u oficina, date cuenta de las formas, objetos y colores que hay a tu alrededor; percibe los olores, escucha los sonidos, nota cómo te sientes.

— Cada vez que salgas a la calle, hazte consciente de la temperatura o del viento que roza tu cara, mira hacia arriba a las formas que tienen las nubes, el color del cielo. Siente el calor del sol.

— Cada día escoge un objeto diferente o una persona de quien maravillarte. Hazte consciente de su belleza o de aquello que la hace disfrutable.

— Haz una caminata con conciencia: siente cómo las suelas de tus zapatos o la planta de tus pies tocan el suelo. Siente el viento en tu cabello o en tu piel. Nota cómo la ropa y la joyería que llevas puesta roza tu cuerpo. Escucha los sonidos que te rodean. Date cuenta del efecto que tiene caminar de esta manera y cómo difiere de hacerlo como acostumbras.

— A la hora de comer, asegúrate de utilizar todos tus sentidos. Contempla los colores de los alimentos, huele el aroma que despiden y nota qué sucede al oler los alimentos. Hazte consciente de cómo está tu cuerpo: ¿te sientes apresurado o acelerado? Si es así, haz un par de inhalaciones. Si tienes prisa, no comas, y si comes, no tengas prisa. Disfruta cada bocado. Observa cómo te sientes al comer con más conciencia.

— Antes de contestar el teléfono, respira profundo. De esta manera tendrás una mejor disposición hacia la persona que llama.

— Aprende algo nuevo, desarrolla tu curiosidad, descubre nuevas ideas, prueba un nuevo tipo de comida. Intercambia conocimientos con un amigo: enséñale lo que sabes y que él te dé lecciones de una actividad que domina. Únete a un club, aprende a cantar, practica un nuevo deporte.

La capacidad de aceptación y la capacidad de asombro nos permiten disfrutar prácticamente de cualquier actividad, lo que hace la vida más sencilla e incrementa nuestra felicidad. Al practicar estas habilidades, se convierten en actitudes ante la vida que, por fortuna, podemos seguir cultivando. Aprende a vivir con sencillez y descubrirás grandes placeres.

Ahora es momento de leer la última historia. Prepárate para ella como ya has aprendido: inhala y exhala profundo y despacio. ¿Qué escuchas? ¿Cómo respiras? ¿Cómo late tu corazón? ¿Qué sensaciones percibe tu piel? ¿Cómo está distribuido tu peso sobre la superficie que te sustenta? ¿Ya estás listo para conectarte con los personajes y para recibir el mensaje que esta historia tiene para ti? ¡Inspírate y adelante!

Para reflexionar sobre la vida simple
Pelusa, la gatita arrogante

Pelusa era una gatita que vivía en una zona elegante, rodeada de comodidades. Le gustaba ser admirada por otros gatos y disfrutaba que la envidiaran. La gatita esperaba que los de la casa cumplieran todos sus deseos. Estaba convencida de que merecía un trato especial. Tenía un paso sensual y una mirada desdeñosa.

Pero la gatita Pelusa tenía un secreto: había dejado de disfrutar de la vida como en otros tiempos. Recordaba muy bien todas las cosas maravillosas que había hecho. Tenía la seguridad de que lo había visto todo y de que ya nada la sorprendería.

En sus paseos, desde su azotea, Pelusa veía lo felices que eran los gatos vecinos con solo perseguir una bola de estambre o afilar sus uñas. Esto era algo que no entendía. Mientras los otros mininos buscaban, descubrían y se maravillaban con sus hallazgos, Pelusa había perdido su capacidad de asombro. Incluso las caricias de los niños de la casa le parecían rutinarias y encontraba insípida la comida.

Un día, al tratar de huir del perro del vecino, al cual le gustaba perseguirla y asustarla, se trepó hasta lo más alto de un árbol. En su desesperación por escapar del fastidioso can, Pelusa no se percató de que la rama hasta la que trepó había sido trozada por el viento. Fue entonces cuando sintió que su cuerpo caía en el vacío junto con la rama rota. Ya antes había sufrido varias caídas, pero como sabía que los gatos tienen nueve vidas, daba por hecho que sobreviviría una vez más. Y así fue, solo que en esta ocasión resultó malherida.

Al ver lo que le había sucedido a su querida gatita, la familia la llevó de inmediato al hospital para mascotas. Allí, el médico veterinario la sometió a una cirugía y le dio el tratamiento necesario. Durante el periodo de recuperación, Pelusa sufrió mucho dolor e incomodidad. Se sentía frustrada, pues no podía hacer muchas cosas que los demás gatos hacían con facilidad, como lamerse para quitarse el exceso de pelo y acicalarse, comer la deliciosa comida que le compraban para consentirla o beber la leche que tanto le gustaba. Estas eran las cosas sencillas que antes daba por hecho y que le parecían tan ordinarias. Ahora quería hacerlas y no podía. Se dio cuenta de que su actitud era altanera y orgullosa.

Pelusa tuvo que pasar por una fuerte experiencia para descubrir lo importante y maravilloso de lo cotidiano, de lo sencillo. Poco a poco sufrió una transformación. Al tiempo que su cuerpo se reponía, recuperó la sencillez y la humildad que había perdido. Supo entonces que no necesitaba vivir en la grandiosidad y que tenía suficiente para disfrutar de la vida si solo se permitía ver lo extraordinario en las cosas simples que antes desdeñaba. Ahora es capaz de disfrutar todo lo que la vida le ofrece, desde una tormenta, el cielo oscuro en la noche, el amanecer y el ocaso, hasta algo tan simple como la fresca leche que bebe cada mañana.

Hay periodos en la vida en que, como la gatita Pelusa, pensamos que ya nada nos sorprende, que lo sabemos todo, que lo hemos visto todo. Adoptamos una actitud arrogante, pues creemos que solo lo fastuoso, sofisticado o elaborado es disfrutable. Le hacemos mala cara a las cosas sencillas.

Y como muchas otras actitudes, el origen de este proceder en muchos casos está en la niñez, en el seno familiar. Los mismos padres actúan de manera desdeñosa hacia lo más sencillo: hay que tener el teléfono inteligente de última generación o un auto más sofisticado; ¿por qué conformarse con un paseo en el campo?; si la ropa no es de marca no resulta atractiva. Sus hijos los imitan y desarrollan un menosprecio por las cosas y las actividades simples.

Lo curioso es que en los niños más pequeños, los que todavía no están contaminados por las grandes ambiciones de los adultos, es en quienes aún podemos observar esa capacidad de maravillarse con las cosas más sencillas. Ellos siempre ven el mundo con nuevos ojos, pues casi todo es nuevo para ellos. Conforme crecemos, perdemos la frescura y el entusiasmo que nos caracteriza de niños y la curiosidad por el mundo que nos rodea.

La curiosidad y la capacidad de asombro implican disfrutar de lo sencillo. Una de esas cosas sencillas que están al alcance de todos los seres humanos es la naturaleza. La poeta polaca Wislawa Szymborska, premio Nobel en 1996, con excepcional belleza nos recuerda uno de los más maravillosos fenómenos en la naturaleza: "Las nubes son una cosa tan maravillosa, un fenómeno tan magnífico, que se debería escribir sobre ellas. Es un eterno *happening* (acontecimiento) sobre el cielo, un espectáculo absoluto: algo que es inagotable en formas, ideas; un descubrimiento conmovedor de la naturaleza. Intente imaginarse el mundo sin nubes".[3] Con facilidad olvidamos que algunas de las cosas más bellas son gratuitas, como la luz que atraviesa el follaje de un árbol, el comportamiento de nuestra mascota y la sensación del viento al andar en bicicleta.

Tenemos mucho que aprender de los niños más pequeños. Nosotros también podríamos ver el mundo con nuevos ojos cada día si nos lo propusiéramos. Y así, disfrutar del color de las hojas de los árboles después de la lluvia o del pasaje de un libro. Sobre todo, podríamos apreciar todo eso que damos por hecho; por ejemplo, el

[3] Lecka, Gabriela, "La sorpresa es una categoría importante en la vida", *El País*, 21 de octubre, 1996.

beso de despedida de tu familia por la mañana, la sonrisa con la que siempre te recibe el portero en el trabajo, tus alimentos diarios y tu hogar, tu cuerpo y tu habilidad para moverte. Estas son las cosas que más extrañamos cuando ya no las tenemos.

A veces, es necesario pasar por una fuerte experiencia para valorar lo que tenemos, para ser más humildes, para saborear el momento, recurrir a la curiosidad natural y abrirnos al misterio de la vida. En pocas palabras, para desarrollar la capacidad de asombro: ver lo extraordinario en lo ordinario.

. . . .

¿Aceptas estos desafíos para simplificar tu vida?

1. Baja el ritmo de tu vida; esto te permite apreciar tu entorno. Camina más lento.
2. Resalta los pequeños detalles, como el hecho de haber recibido una sonrisa de una persona desconocida.
3. Toma fotografías (pueden ser mentales) de imágenes que quieras recordar porque te parecen especialmente bellas, aunque sencillas.
4. Reflexiona acerca de la siguiente paradoja: la verdadera felicidad consiste no en anhelar ser más, sino en aceptarse como se es; no en las conquistas, sino en la rendición; no en obtener más y más, sino en renunciar al deseo ansioso.
5. Haz una lista de formas como puedes seguir el camino de la sencillez, con límites y equilibrio, de acuerdo con tus posibilidades materiales y psicológicas. Recuerda que la sencillez es lo que nos hace grandiosos. No hay por qué buscar lo complicado.

Tus propios desafíos

Escribe cuáles retos te propones a partir de lo leído en este capítulo:

1. _____

2. _____

3. _____

4. _____

5. _____

· ·

"El misterio es la cosa más bella que podemos experimentar. Es la fuente del arte y de la ciencia verdaderos. Al que no posee el don de maravillarse ni de entusiasmarse más le valdría estar muerto, porque sus ojos están cerrados."

ALBERT EINSTEIN

Epílogo

Al igual que la felicidad, el crecimiento personal y espiritual, la vida simple no es un destino, sino un proceso que puede extenderse a todo el tiempo que pasemos en este mundo. Como tal, toma tiempo, pues se convierte en una forma de ver la vida con mayor conciencia y profundidad. Este proceso implica reducir algunas ambiciones y pretensiones, eliminar la complejidad y minimizar las acciones que nos llevan a alejarnos de la autenticidad.

Entre los seguidores de esta forma de vivir están los que adoptan un estilo radical. Son los que dejan sus empleos altamente remunerados, pero con igual cantidad de estrés, para vivir con un ingreso menor. Los simplificadores extremos con facilidad toman la decisión de mudarse a una casa más chica, con frecuencia en un entorno rural; son muy conscientes del uso adecuado de la energía y de los alimentos que consumen. Por otra parte, los simplificadores moderados mantienen su estilo de vida a la vez que simplifican algunos aspectos de su existencia. Por ejemplo, compran menos objetos lujosos, utilizan sus recursos financieros para ayudar a otras personas, para planear una jubilación temprana, para tomarse un año sabático, para tomar unas vacaciones largas (de por lo menos dos meses) o para que sus finanzas les permitan cambiar de trabajo a uno más satisfactorio y significativo.

Entre estos dos grados de simplificación, moderada y radical, se encuentran muchos otros niveles. Cada uno puede decidir en qué medida está dispuesto a reducir las complicaciones y distracciones, evitar el desperdicio, llevar una vida frugal o asumir la responsabilidad ecológica. Cada quien elige qué es lo verdaderamente importante, qué valores determinan sus decisiones. Así, algunos optarán por los valores extrínsecos y asumirán el materialismo como una fuente individual de bienestar subjetivo, lo que conocemos como felicidad. La consecuencia de depender de lo externo, como hemos visto a lo largo de este libro, es que experimentamos menos satisfacción y vitalidad y más ansiedad y depresión. Si bien es cierto que hay quienes se sienten estimulados por los retos y por llevar una vida muy compleja y llena de estrés, también es verdad que el énfasis en estos valores externos, como el éxito social y la riqueza, nos hace antisociales, menos empáticos, más competitivos, menos cooperativos y más narcisistas.

Otros se inclinarán por los valores intrínsecos como el sentido de comunidad, el desarrollo de intereses y aptitudes, el cuidado de las relaciones para crearse un clima de intimidad o la preocupación por hacer un mundo mejor. Los ecopsicólogos confirman que un mayor énfasis en los valores internos contribuye de diferentes formas a la felicidad. De acuerdo con expertos como Tim Kasser,[1] investigador y ecopsicólogo estadounidense, las personas que adoptan un estilo de vida más simple son más felices que las que no lo hacen.

Necesitamos coraje dar la espalda a los valores que rigen en la sociedad actual: lo que otros (las empresas, la publicidad, los

---

[1] Kasser, Tim, *The High Price of Materialism*, EU, MIT Press, 2003.

compañeros de trabajo) dicen que debemos hacer. Requerimos valor para enfocarnos en un cambio de actitudes, de nuestras relaciones y del trabajo para dar sentido y propósito a la vida. Para lograrlo, hay que resistirnos a la sociedad de consumo, atrevernos a pensar diferente, a dejar de ver los cambios como amenazas.

La simplicidad debe comenzar en nosotros, de manera voluntaria y por medio del cambio en nuestra forma de ver la vida. Esto es lo que pretende este libro. Para vivir con mayor sencillez, hay que estar dispuestos a hacerlo. La vida simple no sucede: hay que hacer algo para lograrla. Es vital estar conscientes de que simplificar no es fácil, pues no nos damos cuenta de que podemos vivir de manera más sencilla. Es como si estuviéramos dormidos y dominados por la forma de pensar y actuar más común. Solo hacemos lo que otros hacen.

A partir de la modificación de nuestra visión de las cosas es más sencillo ir a la acción. Cuando convertimos la existencia en algo más sencillo, encontramos libertad interior, podemos ser nosotros mismos y nos acercamos más a lo que se ha descrito como felicidad.

Para los que acepten el reto de la simplicidad, y si incluso quieren ir más lejos, sepan que además del movimiento social de filosofía *slow* (filosofía lenta) que fomenta ralentizar el ritmo de las cosas, en los últimos años han aparecido otros movimientos con el mismo enfoque: comida *slow*, que invita a tomarse el tiempo necesario para disfrutar de la comida y hacerlo con atención plena, además de cuidar la calidad de los alimentos; ciudades *slow*, que potencian la felicidad y nos invitan a alejarnos del ajetreo urbano; sexo *slow*, que promueve el placer de ir despacio para lograr el mayor placer posible; crianzas *slow*, propuesta por Carl Honoré[2] sobre las exageradas exigencias académicas y ocupacionales que se hacen a los niños.

---

[2] Honoré, Carl, *Bajo presión: rescatar a nuestros hijos de una paternidad frenética*, Barcelona, RBA Libros, 2008.

Además, ha surgido otro movimiento liderado por John de Graaf: vuelve a ser dueño de tu tiempo (*Take back your time*,[3] en inglés). La organización, que tiene el mismo nombre que el movimiento, se concentra en la carencia de tiempo libre, en el trabajo excesivo y en el consumo desmedido, en Estados Unidos y Canadá. El trabajo hecho por Cecile Andrews,[4] autora de varios libros y pionera en el movimiento de simplificación, en sus grupos de estudio de la simplicidad, en Estados Unidos, es otro intento por contrarrestar el fuerte efecto de la complejidad de la vida actual. Este es solo el principio de un cambio de actitudes que ha comenzado a gestarse alrededor del mundo. En México no existen tales grupos, pero sí que nos vendría bien iniciarlos.

---

[3] De Graaf, John, *Take Back Your Time: Fighting Overwork and Time Poverty in America*, EUA, Berret Koehler Publishers, Inc. 2003.

[4] Andrews, Cecile, *The Circle of Simplicity. Return to the Good Life*, EUA. HarperPerennial, 1998.

Bibliografía

1. Andrews, C. *The Circle of Simplicity. Return to the Good Life.* EUA: HarperPerennial, 1998.
2. _____ *Slow is Beautiful: New Visions of Community, Leisure and Joie de Vivre.* Canadá: New Society Publishers, 2006.
3. Babauta, L. *Zen Habits. Handbook for Life.* EUA: Editorium, 2011.
4. _____ *Focus. Un manifiesto por la simplicidad en la edad de la distracción.* España: Booket, 2012.
5. Babauta, L. y Bojanini, P. *El poder de lo simple: el arte de limitarse a lo esencial en los negocios y en la vida.* España: Grupo Editorial Norma, 2009.
6. Breen, L. *Simplicity Lessons.* EUA: Gallagher Press, 2003.
7. Briñol P., *et al.* "Treating Thoughts as Material Objects Can Increase or Decrease Their Impact on Evaluation". *Psychological Science,* 2012.

8. Calle, R. *Cincuenta cuentos para meditar y regalar*. México: Sirio, 2007.

9. Carnegie, D. *Cómo suprimir las preocupaciones y disfrutar de la vida*. Argentina: Editorial Sudamericana, 1997.

10. Clyatt, B. *Work less, live more: the way to semi-retirement*. EUA: Nolo, 2007.

11. Csikszentmihalyi, M. *Fluir*. España: Kairós, 2008.

12. _____ *Aprender a fluir*. España: Kairós, 2012.

13. Davidson, J. *The Joy of Simple Living*. EUA: Rodale Press, Inc., 1999.

14. De Bono, E. *Simplicidad*. España: Paidós Ibérica, 2000.

15. De Graaf, J. *Take Back Your Time: Fighting Overwork and Time Poverty in America*. EUA: Berret Koehler Publishers, Inc., 2003.

16. Dossey, L. *Tiempo, espacio y medicina*. España: Kairós, 1993.

17. Drake, J. *Downshifting: How to Work Less and Enjoy Life More*. EUA: Berrett-Koehler Publishers, 2000.

18. Dufour, M. *Cuentos para crecer y curar*. España: Sirio, 2003.

19. Eder, P. (s.f.). *The New Finding Time Boundary Template: Simple, Sequential Steps to Find More Time and Recharge Your Energy!* Disponible en http://www.findingtime.net [consultado en febrero 2014].

20. Elgin, D. *Voluntary Simplicity Second Revised Edition: Toward a Way of Life That Is Outwardly Simple, Inwardly Rich*. Canadá: HarperCollins, 2010.

21. Ellis, A. *Razón y emoción en psicoterapia*. México: Editorial Siglo XXI, 1988.

22. Fabri, J. *La búsqueda de significado*. México: Lag Ediciones, 2003.

23. Gellert, M. *The Way of the Small*. EUA: Nicholas Hays Inc., 2008.

24. Gomes, P. *The Good Life: Truths That Last in Times of Need*. EUA: PerfectBound, 2005.

25. Grigsby, M. *Buying Time and Getting by: The Voluntary Simplicity Movement*. EUA: State University of New York Press, 2004.

26. Hohlbaum, C. L. *The Power of Slow: 101 Ways to Save Time in Our 24/7 World.* EUA: St. Martin's Press, 2009.

27. Honoré, C. *El elogio de la lentitud.* España: RBA Libros, 2008.

28. Irvine, W. *A Guide to the Good Life: The Ancient Art of Stoic Joy.* E.U.A.: Oxford University Press, 2009.

29. Jay, F. *The Joy of Less, A Minimalist Living Guide: How to declutter, organize and simplify your life.* EUA: Anja Press, 2010.

30. _____ *Miss Minimalist: Inspiration to Downsize, Declutter, and Simplify* [libro electrónico], 2011.

31. Joko, C. *Nothing Special: Living Zen* [libro electrónico]. EUA: HarperCollins, 1993.

32. Kreider, T. "The 'Busy' Trap", en *The Opinion Pages* de *The New York Times.* 3 de junio de 2012. Disponible en http://opinionator.blogs.nytimes.com/2012/06/30/the-busy-trap/ [consultado en febrero 2014].

33. Lesser, M. *Less: Accomplishing More by Doing Less.* EUA: New World Library, 2009.

34. _____ *Office Zen: Simple, Life-changing Tools and Practices for Busy, Intelligent People* [libro electrónico]. EUA: (s.f.) Disponible en www.doingless.net.

35. Luhrs, J. *The Simple Living Guide.* EUA: Broadway Books, 1997.

36. Macabe, H. *The Good Life: Ethics and the Pursuit of Happiness.* EUA: Continuum Books, 2005.

37. Marques, J. *Joy at Work, Work at Joy: Living and Working Mindfully Every Day.* Hong Kong: Personhood Press, 2010.

38. Marsh, N. *Overworked and Underlaid: A Seriously Funny Guide to Life.* Australia: McPhersons Printing Group, 2009.

39. Martin, M. *Happiness and the Good Life.* EUA: Oxford University Press, 2012.

40. Ming Dao, D. *Everyday Tao: Living with Balance and Harmony.* EUA: HarperCollins, 1996.

41. Monterroso, A. *La oveja negra y demás fábulas.* México: Ediciones Era, 1992.

42. Peralba, R. y Del Río, R. *El poder de lo simple: una guía empresarial para eliminar lo absurdo y ser más racional.* España: McGraw-Hill, (s.f.).

43. Perlado, J. J. "Necesidad del asombro". En *Nuestro Tiempo* Nº 567, septiembre 2001.

44. Peterson, C. *Pursuing the Good Life: 100 Reflections on Positive Psychology.* EUA: Oxford University Press, 2013.

45. Pirsig, R. *Zen y el arte del mantenimiento de la motocicleta.* España: Sexto Piso, 2010.

46. Rechtschaffen, S. *Timeshifting.* EUA: Main Street Books, 1997.

47. Reiner, H. "Die Goldene Regel", en *Zeitschriftför Philosophische.* Forschung, tomo 1, 1948.

48. Robbins, J. *The New Good Life: Living Better Than Ever in an Age of Less.* EUA: Ballantine Books, 2010.

49. Robbins, M. *Be Yourself, Everyone Else is Already Taken: Transform Your Life with the Power of Authenticity.* EUA: Jossey-Bass Books, 2009.

50. Robertson, E. y Taylor-Downer, S. *Motivated by Passion, Held Back by Fear.* EUA: Professional Prodigy, Inc., 2011.

51. Robin, V., Dominguez, J. y Tilford, M. *Your Money Or Your Life: 9 Steps to Transforming Your Relationship With Money and Achieving Financial Independence.* EUA: Penguin Books, 2008.

52. Rogers, C. *El proceso de convertirse en persona: mi técnica terapéutica.* España: Paidós, 2000.

53. Rowley, L. *Money Happiness: A Guide to Living the Good Life.* EUA: John Wiley & Sons, Inc., 2005.

54. Ruffin, J. "Resisting the Demon of Busyness" en *Spiritual Life, Lift up Your Hearts,* 1995. Disponible en http://www.worship. ca/docs/p_31_jr.html [consultado en febrero de 2014].

55. Sherman, S. *The Cure for Money Madness.* EUA: Spencer Sherman, 2009.

56. Stoddard, A. *You Are Your Choices* [libro electrónico]. EUA: HarperCollins, 2007.

57. Torralba, F. *El sentido de la vida.* España: Editorial Ceac, 2011.

58. Ware, B. *The Top Five Regrets of the Dying.* EUA: Hay House, Inc., 2011.

59. Williams, M. y Pennman, D. *Mindfulness: A practical guide to finding peace in a frantic world.* Inglaterra: Hachette, 2011.

60. Wyatt, K. *Rest: Living in Sabbath Simplicity.* EUA: Zondervan, 2009.

Notas

Notas